소액투자자를 위한
**발로 찾는
부동산투자법**

소액투자자를 위한

발로 찾는 부동산투자법

지은이 박 산
펴낸이 이종록 펴낸곳 스마트비즈니스
등록번호 제 313-2005-00129호 등록일 2005년 6월 18일
주소 경기도 고양시 일산동구 정발산로 24, 웨스턴돔타워 T4-414호
전화 031-907-7093 팩스 031-907-7094
이메일 smartbiz@sbpub.net
ISBN 979-11-85021-94-2 03320

초판 1쇄 발행 2018년 3월 2일

저평가된
소액 부동산은
'현장에
숨어 있다!'

| 박산 지음 |

소액투자자를 위한
발로 찾는
부동산투자법

Sb
smart business

대중교통으로 직접 발로 찾아라, 현장에 답이 있다!

십수 년 전 일입니다. 입시의 열기는 뜨거웠습니다. 그 시절, 무슨 일을 하고 살아야 하나 참 많이도 고민했습니다. 그러던 중 어머니의 길을 따라가기로 하고, 재수 끝에 용케 교육대학에 합격했습니다. 그렇지만 이내 나의 길이 아니라는 걸 깨달았습니다. 주변에선 왜 임용시험을 안 보느냐고 난리였습니다.

20대 중후반 즈음, 필자와 비슷한 처지의 동료 몇몇과 함께 강남에 수학 과외를 전문으로 하는 작은 학원을 차렸습니다. 배운 게 도둑질이라고 가르치는 일은 나름 할만 했습니다. 덕분에 교사는 못되었어도 비교적 이른 나이에 작은 집을 살 수 있을 만한 돈을 만져보게 되었습니다.

서른에 처음으로 마련한 내 집은 그런대로 뿌듯했습니다. 하지만 시세보다 저렴하게 나온 일산 아파트는 귀신이 나오려고 했습니다. 포항공대를 휴학 중인 학생이 전세를 살고 있었는데, 아무리 셋집이지만 해도 너무하다는 생각이 들 정도로 방치되어 있었습니다.

　그래서 저는 어차피 들어가 살 집이니, 싹 수리해 버리기로 했습니다. 1,650만 원을 들여 리모델링한 22평 아파트는 몰라보게 달라졌고, 당시 기분 좋은 마음으로 입주했던 기억이 새롭습니다. 2년 뒤, 이 집은 4,000만 원의 차익을 저에게 안겨주었습니다. 집수리의 힘은 컸습니다. 20년 넘은 집도 수리만 잘해놓으면 너도나도 살고 싶어 하는 집이 된다는 걸, 그때 체험했습니다.

　한번은 소파에 누워 TV를 보는데, 차이나 머니가 제주 부동산을 덮치고 있다는 내용의 한 프로그램을 접하게 되었습니다. 마침 아파트로 번 돈으로 무얼 할까? 고민하고 있던 터에 그 즉시 뭔가 스쳐 지나가는 것이 있었습니다. 바로 인터넷을 켰고 검색 끝에, 제주 성산읍에 있는 한 작은 땅을 찾아낼 수 있었습니다.

　행운은 이때 찾아왔습니다. 매입한 지 불과 7개월 만에 정부는 이 땅 뒤편에 신공항을 만들겠다고 발표했습니다. 그후 필자는 마치 이 모든 것을 처음부터 다 알고 있은 사람마냥 되어 버렸습니다. 얼떨결에 이곳저곳에서 축하 전화를 받았습니다.

　고작 서른다섯 해를 살아놓고 할 수 있는 말은 아니겠지만, 인생은 운칠기삼이라는 말이 비로소 와닿았습니다. 인생은 내가 뭘 하겠다고

해서 그대로 다 이루어지는 것도 아니지만, 뜻하지 않은 곳에서 큰 복이 올 수도 있다는 것을 알게 되었습니다. 이후 필자는 운명처럼 부동산투자와 임대를 전업으로 하는 사람이 되었습니다.

이 책을 쓰게 된 직접적 계기는 바로 이것입니다. 부동산에 투자하고는 싶지만 돈이 부족하거나, 아는 게 없어서 쉽게 접근하지 못하는 많은 분들을 위해 이정표가 될 만한 쉬운 책을 쓰고 싶었습니다. 부자로 가는 길에 다시금 동기를 부여하고, 소액 부동산투자자들에게 꼭 맞는 실전 지식을 제공할 수 있으면 좋겠다는 바람을 갖게 되었습니다.

주제는 '소액 부동산투자'입니다. 지난 몇 년을 부동산 한 가지만 생각해오며 깨달은 것은 소액 부동산투자가 얼마나 큰 힘을 발휘할 수 있는가 하는 것이었습니다.

큰 부자는 하늘이 낸다는 말이 있지만, 큰 부자도 시작은 집 한 채였습니다. 소액으로 투자한 부동산 하나가 몸집을 키우고, 다시 눈덩이처럼 굴러 새로운 기회를 만들어냅니다. 이제 작은 것이 대세인 시대입니다. 소액 부동산으로 시작해야 하는 이유입니다.

이 책은 소액투자자를 위한 부동산투자 한 가지에만 집중했습니다. 그러다 보니 종목은 '다세대, 소형 아파트, 소액 토지'로 한정했습니다. 지역은 대중교통을 중심으로 서울과 수도권 일부 권역, 제주, 강원에 국한해 살펴보았습니다. 그리고 투자에 접근하는 효과적 방법인 경매와 '천만 원 투자'도 다루었습니다. 주식은 수백만 원을 가지고

발로 찾는 부동산투자법

도 쉽게 진입할 수 있는 반면 부동산은 그렇지 않다는 점 때문에, 투자에 엄두를 내지 못한다는 분들이 많습니다. 어느 정도 일리가 있는 말입니다. 그러나 부동산 특히 집은 대부분의 평범한 사람들이 꿈꾸는 종착지이자, 어떤 분들에게는 새로운 시작이기도 한다는 점에서 꼭 다루어보고 싶었습니다.

이와 관련해 흔한 선입견 중 하나가 부동산투자에는 엄청난 돈이 필요하다는 것입니다. 땅투자에 관해서는 더욱 그렇다고 믿는 사람들이 많습니다.

물론 부동산의 진입 장벽이 주식보다 더 큰 것은 사실입니다. 그렇지만 대중교통을 이용해 직접 발로 찾아보면, 소액으로도 큰 이익을 낼 수 있는 알짜 투자재의 경연장이 또한 부동산 시장입니다. 관심과 발품을 아끼지 않는다면 좋은 결과를 낼 수 있습니다.

공교롭게도 문재인 정부의 8.2 부동산 대책과 그 후속 조치 이후에 책이 출간되었습니다. 대책 시행 이후, 부동산 거래가 예전과 같지 않은 것은 사실입니다. 부적절한 몇몇 투기자들로 인해 고강도 대책이 나오면서 부동산 시장이 얼어붙은 측면이 있습니다.

한편에서는 실수요자와 건전한 투자자들까지 영향을 받고 있는 상황입니다. 그러나 부동산이라는 필드는 비교적 긴 시간을 가지고 임해야 하는 것이어서, 중장기적 소액투자에 초점을 맞춘 이 책은 작금의 일시적 상황과는 무관하게 두고두고 활용할 수 있을 것입니다.

어떤 일이든 안 즉시 행동에 옮기는 것은 무리일 수 있습니다. 필자는 종잣돈을 만드는 3년의 시간 동안 경매 공부를 병행했습니다. 평소 어느 정도 알고 있다가 기회가 왔을 때에 뛰어드는 것과 귀동냥 정도로만 듣고 바로 움직이는 것에는 결과에서 큰 차이가 있습니다.

필자는 여러분이 이 책 한 권만 읽고 바로 부동산투자에 나서기를 권하지는 않습니다. 그렇지만 이 책은 부동산을 처음 접하는 분들까지도 쉽게 입문할 수 있도록 구성한 만큼, 투자의 기본기를 다지는 데 분명 도움이 될 것입니다.

무엇보다 중요한 것은 개인의 노력입니다. 부동산에 대한 뜨거운 열정만 있다면, 종잣돈을 모으기 위해 지금 바로 계획을 세우고 저축할 수 있게 될 것입니다. 저축은 힘이 셉니다. 그리고 무엇보다 부동산에 대해 공부해야 합니다. 좋은 습관이 부동산에 관한 지식, 용기, 인내와 만날 때에 가장 좋은 열매를 맺게 되리라고 확신합니다.

소액으로도 부동산투자를 하고 싶은 분들 또는 당장은 아니더라도 준비 기간을 갖고 후일을 도모하고픈 모든 분들을 위해, 그야말로 실전에서 꼭 알아야 할 핵심만 담았습니다. 모쪼록 소액 부동산투자를 통해 소기의 목적을 이루려는 모든 분들에게, 이 책이 '약방의 감초'와 같은 존재가 되기를 바라마지 않습니다.

발로 찾는 부동산투자법

차례

1장

왜 소액 부동산에
투자해야 하는가?

반드시
부동산이어야만 한다

누군가 왜 부동산에 투자해야만 하는가라고 묻는다면, 단연 경제적 자유를 얻기 위함이라고 답할 것입니다. 우리는 모두 궁극적으로는 경제적 자유를 얻기 위해 취업을 하고, 투자를 하고, 그 밖의 계획들을 이루며 살아갑니다.

요즘은 더더욱 취업난이 극심해져, 노동 시장에 진입하는 것조차 어려운 고단한 시대입니다. 이런 때일수록 자기 재능과 특기를 살리려는 노력과 변화하는 사회상을 정확히 이해하고, 한 발 앞서 나가는 자세가 절실히 요구되고 있습니다.

무엇보다 지나온 시간의 변화를 직시하고, 미래에 대해 정확히 예측할 수 있어야만 합니다. 그만큼 경쟁은 치열해지고 살기는 더욱 각박해졌습니다.

안타까운 현실이지만 지난 10년 전에 비해 우리 사회에서 자본이 갖는 영향력은 훨씬 더 강해졌습니다. 기술이 발전하면서 노동의 대가는 축소되었고, 그에 반해 자본의 힘은 더욱 강화되었습니다.

한 세기 전 칼 마르크스는 저서 《자본론》에서 생산 수단을 가진 사람이 사회를 지배한다고도 했지만, 이 말이 아니더라도 생산 수단 중 가장 핵심이 되는 부동산에 대한 사람들의 관심과 열정은 끊이지 않아 왔습니다.

바야흐로 근로 소득만으로는 부자가 될 수 없는 시대입니다. 많은 사람들이 경제적 자유를 얻고자 열심히 일을 하고 적금도 붓지만, 그것만으로는 역부족입니다.

이미 노동의 시대는 끝났다고 봐도 좋을 만큼 기술은 몰라보게 발전했고, 한편에서 일어나고 있는 화폐 가치의 지속적 하락은 부동산은 물론 금과 같은 현물의 가치를 상승시키고 있습니다. 그리고 이런 추세는 앞으로도 계속될 것으로 보입니다.

왜 부동산에 투자해야 하는가에 관한 질문은 과연 부동산은 계속 오르기만 할 것인가로 귀결됩니다. 오를 수밖에 없는 이유에 대한 자기 확신이 서 있다면, 어떻게 해서든 투자에 나설 것이기 때문입니다. 대개 부동산은 중장기적으로 우상향 그래프를 그리는데, 그 이유는 다음과 같습니다.

첫째, 인간의 욕망은 끝이 없기 때문입니다. 더 잘 살고자 더 누리고자 하는 바람은 역사상 한 번도 사라진 적이 없습니다. 그래서 지금 가진 돈이 얼마가 되었든, 그에 맞는 투자를 해 자산을 늘리고자 하는 욕구는 인류가 없어지지 않는 한 계속될 것입니다.

둘째, 화폐 가치가 하락하고 있습니다. 사회가 발전하면서 확장해온 금융 시스템은 통화량의 지속적인 증대를 불러왔고, 그에 따라 소위 돈값은 떨어질 대로 떨어져 버렸습니다. 예전에 1억 원을 빌리려면 월 50만 원이 넘는 이자를 지불해야 했지만, 지금은 25만 원이면 충분한 시대가 되었습니다.

문재인 정부가 들어선 후에 곧바로 8.2 부동산 대책이라는 고강도의 규제책이 나왔습니다. 그러나 금리가 폭등한 것은 아니고, 다만 저금리 기조의 지속에 따른 수요 폭발을 일시적으로 막아 놓은 것에 불과합니다. 적어도 수년 안에 돈값이 크게 오를 것으로는 보이지 않습니다. 저금리는 세계적 흐름으로 우리나라만 대세를 거스를 수는 없습니다.

통화량의 증가로 화폐 가치가 떨어지면, 결국 현물 가격이 오르게 되는데 이는 자연스러운 현상입니다. 유동성이 증가하면 할수록 현물 가치는 그만큼 상승할 수밖에 없습니다.

셋째, 부동산은 부증성을 갖고 있기 때문입니다. 부동산의 특징은

발로 찾는 부동산투자법

부증성, 부동성, 영속성입니다. 그중 부증성은 부동산이 재테크로서 갖는 가장 큰 의미를 지니고 있습니다. 현금의 가치는 하락하는 반면 사람이 주거와 경제활동을 하는 인프라로서 부동산의 수효는 늘어나지 않습니다. 바다에서 땅이 새로 솟지 않는 한 인간이 살아가는 무대가 되는 부동산은 지극히 한정적입니다. 금은 캐면 어디선가 또 나올 수도 있겠지만 땅은 그렇지가 않습니다.

흔히 부동산 매입을 꺼리는 사람들의 이야기를 들어보면 이유는 다양하지만 대체로 값이 떨어질까 봐 두렵다는 것입니다. 집의 경우에 돈이 없거나 부족해 사지 못하는 것을 제외하고, 전세를 고수하며 집을 사지 않는 대부분은 이런 이유에서입니다.

그러나 이런 생각이 크게 잘못되었다는 것은 우리나라의 지난 역사를 돌아보면 금방 알 수가 있습니다. 우리나라는 1948년 정부수립 이래, 1997년 IMF 구제 금융위기와 2008년의 미국발 금융위기를 제외하고는 집값이 내린 적이 없었습니다. 여기서 내렸다고 함은 눈에 띄는 하락을 말합니다.

일본을 제외한 세계 주요 국가의 부동산들도 비슷한 흐름을 보여왔습니다. 세계 경제에 대한 미국의 영향력은 절대적이어서 2008년 금융위기는 세계 공통의 문제였지만, 이내 부동산의 가치는 빠르게 회복되었습니다. 역사적으로 이 같은 수준의 위기는 1920년대 미국발 세계 대공황과 2008년 금융위기 정도였습니다.

우리나라는 국토는 좁은데 인구는 여전히 많아 인구 밀도가 매우 높습니다. 세계 모든 나라의 주요 도시들이 공통적으로 보여주는 현상이지만, 특히 우리나라는 서울과 수도권 집중 현상이 두드러집니다. 앞으로 저출산으로 인한 인구 감소를 감안하더라도 2030년까지의 인구 증가분, 1인 가구 증가 추세, 외국인 투자세 등이 더해져 향후 서울을 중심으로 한 핵심 지역의 주택을 필요로 하는 수요는 더 늘어날 것으로 보입니다.

앞선 사례들이 있습니다. 저출산으로 인한 인구 감소는 이미 정보화 시대에 접어든 수많은 선진국들이 겪고 있는 공통의 문제인데, 이 국가들도 주요 도시의 부동산 가치만큼은 지속적으로 상승하고 있습니다.

지난 5년간 가장 급격하게 값이 오른 런던, 홍콩, 시드니, 벤쿠버를 비롯해 뉴욕, 베를린, 파리, 코펜하겐 등 선진국 대도시들의 부동산 가격은 꾸준히 올랐습니다. 심지어 극심한 인구 감소 추세에 있는 일본도 도쿄만큼은 오른 것을 보면, 세계 주요 도시의 부동산 가격지수는 인구 추이와는 정반대로 움직이고 있음을 알 수 있습니다.

나라마다 절대 인구는 줄어들더라도 핵심 지역을 추구하는 수요는 오히려 늘고 있는 것입니다.

이와 관련해 한국건설산업연구원은 우리나라도 2045년까지는 주택 수요가 지속되고, 앞으로 30여 년 뒤에는 1~2인 가구의 수가 70%를 넘을 것이라는 전망을 내놓은 바 있습니다.

지난 수십 년간 우리나라의 땅값은 지역을 가리지 않고 참 많이도 올랐습니다. 적게는 10배에서 많게는 수천 배까지 기록적인 상승을

발로 찾는 부동산투자법

보였습니다. 늘 집값이 떨어지지 않고 오르기만 했던 것은 집값의 상당 부분을 차지하는 땅값 때문인데, 이 점은 매우 중요합니다.

20~30년 이상 된 노후주택의 가격이 내리기는커녕 오르기만 한 것은 건물은 낡아도 집을 지탱하고 있는 땅의 가치가 줄곧 상승해왔기 때문입니다. 그럼 왜 땅값은 오르기만 하는가에 대한 답변은 앞서 제시한 세 가지 이유로도 충분한 설명이 될 것입니다.

결국 모든 부동산 값은 인간의 욕망, 화폐 가치의 하락, 부동산의 부증성으로 인해 중장기적으로는 오르기만 합니다. 그동안 집을 구성하고 있는 토지 본연의 이 같은 성질을 간과한 사람들이 공연한 걱정을 해왔습니다.

지난 10년간 내로라하는 집값 하락론자들의 예측이 모두 빗나간 것은 이 간단한 원리조차 부인해왔기 때문입니다. 잦은 단타 등 투기는 확실히 문제가 있습니다. 그러나 중장기적으로 자산을 늘려나가고 싶은 사람이라면 집값 변동에 앞서, 토지의 이 같은 속성을 먼저 깊이 있게 이해하고 있어야 합니다.

그러므로 한 살이라도 더 빠를 때, 부동산에 눈을 뜨는 지혜가 필요합니다. 인생은 실전이라고 한다면, 투자에서 시간과의 싸움은 현실이라고 할 수 있습니다.

모든 재테크가 그렇지만, 부동산투자는 시간이 돈을 불려준다는 사실을 다시 한 번 가슴에 새겨야 합니다.

정부 정책보다는
오랜 기조를 보자

　초유의 탄핵 사태로 문재인 정부가 들어서면서 가장 먼저 한 일 중 하나가 부동산 투기 억제였고, 이것은 8.2 부동산 대책으로 나타났습니다. 보유세를 제외하고 나올 수 있는 모든 규제책이 거의 전부 나온 것 같습니다. 시장은 거래가 원활치 않은 가운데, 앞으로 정부와 어떻게 관계를 설정해나갈지 고민에 들어간 것처럼 보입니다.

　2018년 초에 발표한 안전진단 강화, 재건축 허용 연한 연장, 초과이익환수제 등이 전격 실시되었습니다. 이로 인한 충격으로 서울 재건축 아파트 시장은 투자 수요가 감소하고, 거래도 줄어드는 분위기가 감지되고 있습니다.

　만일 여기서 더 강한 대책이 나온다면 2018년 중 시행 예고된 분양권 전매 시 양도세 강화, DSR총체적상환능력심사제을 생각해볼 수 있습니다. 모두 주택을 사고팔 때에 해당하는 것으로, 보유세는 제외되었지만 새 정부의 규제 의지가 확고한 것만은 틀림없는 듯합니다.

　그러나 우리가 눈여겨봐야 할 것은 정부의 정책보다는 그 밑에 깔린 오랜 기조입니다. **정책은 상황에 따라 유동적이지만, 기조는 특정 정부 이전에 국가가 우리 경제 전체를 염두에 두고 가져가야 할 대원칙입니다. 어떤 정부도 5년 내내 규제만 하거나 완화만 할 수는 없는 일**

이기 때문입니다.

권위주의 정부부터 민주화 이후 민간정부에 이르기까지, 어느 위정자도 옥죄기만 하거나 풀기만 한 경우는 없었습니다. 왜냐하면 부동산이 우리 경제 전체에 미치는 영향력이 절대적이기 때문입니다.

현재 시장 전체를 구성하고 있는 수많은 거래들 중 대기업의 수출을 제외하고는 가장 큰 규모의 시장이 부동산 시장입니다. 역대 정부는 이 사실을 누구보다 잘 알고 있었고, 그때마다 적절한 완급 조절을 통해 경기를 진작하기도 하고 과열을 진정시키기를 반복하고 있습니다.

과거 노무현 정부는 주택 시장이 과열되자, 강남 집값을 내리는 것을 목적으로 종합부동산세와 보유세를 강화했습니다. 또한 다주택자에게 양도세를 중과하는 정책을 폈습니다. 총부채상환비율DTI 규제는 이때 나왔습니다. 그럼에도 임기 내에 집값을 잡지 못했다는 평가가 나왔는데, 소강장은 정부가 바뀌고서야 뒤늦게 나타났습니다.

이명박 정부가 들어서고 부동산 시장이 잠시 주춤하자, 정부는 규제를 완화하기 시작했습니다. 투기과열지구를 해제하고 각종 세금 규제를 완화했습니다. 그러나 숨고르기에 들어간 부동산 경기는 단번에 좋아지지 않았습니다.

부동산 경기가 본격적으로 좋아진 것은 박근혜 정부 때입니다. 내수 시장이 얼어붙은 가운데 정부는 취득세를 없애거나 내리고, 주택담보대출을 확대했습니다. 부동산 시장을 살림으로써, 전체 경기를 부양하는 정책을 폈습니다.

문재인 정부가 근래의 부동산 시장 상황을 과열로 보고 일련의 대책을 내놓은 것은 이전 정부에서 유지되어온 규제 완화 정책에 따른 여러 결과물들 때문입니다.

그러나 이명박 정부에서 박근혜 정부로 넘어가는 사이 내수경기 부양을 위해 정부가 불가피하게 더 강력한 부동산 규제 완화에 나섰듯, 시장에서 영원한 규제나 영원한 완화란 있을 수 없습니다. 다만 정부는 경기의 사이클에 따라 대응할 뿐입니다.

모든 정부가 펴는 부동산 정책의 목표는 '적절한 부동산 시장의 성장을 통한 내수 시장의 활성화'입니다.

이것은 특정 정부를 넘어서는 국가 차원의 오랜 기조이므로, 각 정부 정책의 접점이기도 합니다. 이 기조 아래에서 규제도 완화도 시행과 폐지를 반복한다는 것입니다.

이 점에서 현 정부도 나라의 경제를 운영하는 입장에서 계속 옥죄기만 할 수는 없을 것입니다. 만약 그렇게 되면 부동산 외 다른 업종들의 경기에도 치명타를 입히게 됩니다. 가뜩이나 경기가 나쁜 상황에서 불씨마저 꺼버리는 결과를 초래하게 됩니다. 그러므로 이런 정책이 계속될 수는 없고 완급 조절의 시기가 반드시 올 것입니다.

부동산은 일부 투기 경우를 제외하고 오랜 기간이 걸리는 투자 행위입니다. 그래서 그때그때마다의 정책보다는 3년, 5년, 10년 단위로 끊어 그 흐름을 봐야 할 필요가 있습니다.

이를 위해 가장 필요한 것은 정부의 역할과 임무를 이해하는 것입

발로 찾는 부동산투자법

서울 아파트 평균 전세가율
(단위 : %)

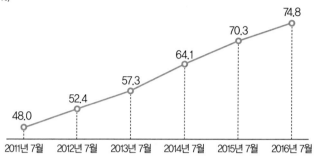

48.0	52.4	57.3	64.1	70.3	74.8
2011년 7월	2012년 7월	2013년 7월	2014년 7월	2015년 7월	2016년 7월

출처 : KB국민은행

서울 평균 집값 변동

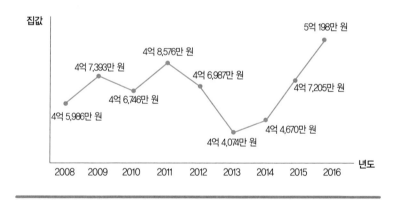

출처 : KB국민은행

니다. 좋든 싫든 부동산 경기가 경제 전반에 미치는 영향은 매우 큽니다. 그동안 여러 정부가 취해온 정책들은 규제책이든, 완화책이든 완급 조절이라는 크고 변치 않는 기조 아래 나오기도 하고 들어가기도 했다는 점을 상기해야 하겠습니다.

그러므로 정책은 일시적이지만 기조는 영원하다는 점을 말하고 싶습니다. 우리는 투기꾼이 아닌 투자자이므로, 반드시 정책보다는 오랜 기조를 보고 가야 합니다.

소액 부동산이 정답이다

그럼 어떤 부동산에 투자해야만 할까요?

이 책의 주제는 소액으로 접근 가능하면서 큰 수익을 낼 수 있는 부동산입니다. 지금 여기 A와 B라는 두 사람이 있습니다. A는 수중에 1억 원의 현금을 갖고 있고, B는 5억 원을 가진 자산가입니다.

A는 3년 전 7천만 원에 나온 제주도 땅을 대출금 2천만 원을 인수하는 조건으로 5천만 원에 매입했습니다. 남은 돈 5천만 원으로는 비슷한 시기에 전세를 끼고 서울 마포구 다세대 두 채에 투자했습니다.

3년이 지난 지금, 제주 땅은 신공항 건설이라는 호재로 값이 급등해 A가 보유한 토지의 호가는 5억 원이 되었습니다. 마포구 다세대도 해당 지역이 핫플레이스로 부상하면서 두 채 도합 1억 원의 수익을 냈습니다. A의 3년간 수익률은 500%를 넘어섰습니다. 1억 원이라는 소액을 잘 투자해 3년 만에 5~6억 원의 자산을 만든 것입니다.

B는 같은 시기에 5억 원으로 서울 모처에 중형 아파트 한 채를 사서 월세를 받았습니다. 3년 동안 집값은 1억 원이 올랐고 월세로는 생활을 했습니다. 수익률은 20%입니다. 만약 5억 원이라는 투자금이 A에게 주어졌다면, 단순 계산으로도 A의 현재 자산은 25억 원 이상이 되었을 것입니다.

부동산투자에 있어서 소액의 기준을 1~2억 원대로 본다면 이 정도 돈은 어디에 어떻게 투자하느냐에 따라, A의 경우처럼 엄청난 위력을 발휘할 수도 있습니다.

그에 반해 B처럼 비교적 큰돈을 투자하고도 보통 정도의 수익밖에는 못 내기도 합니다. 본래 수익률이라는 것이 수익의 정도도 중요하지만 초기 투입 자금이 적으면 적을수록 더 커지는 것이기에, 잘한 소액투자 하나는 열 부자 안 부러운 경험이 될 수 있습니다.

물론 A에게 운이 따랐다는 사실을 무시할 수는 없습니다. 그러나 분명 A는 B보다 현명한 투자를 했고, 큰 수익을 낼 수 있는 기회를 만들었습니다. 정답은 소액 부동산이었습니다.

그렇습니다. **우리는 소액 부동산, 그중에서도 알짜 부동산에 투자해야만 합니다. 그러기 위해서는 이 책을 읽는 여러분의 수고와 발품을 필요로 합니다.**

알짜 내 집 마련,
소액 부동산투자로 하라

가령 어떤 사람이 수년 안에 집 한 채를 사겠다는 목표를 세웠습니다. 집값은 2억 원입니다. 집값에 대한 자기 자본 적정선을 70%로 본 이 사람은 대출을 받더라도 1억 4천만 원을 마련하기로 마음먹었습니다. 현재는 5천만 원을 모았습니다.

그럼 부족한 9천만 원을 마저 모을 때까지 5천만 원은 적금 통장에만 넣어두는 것이 좋은 걸까요?

보수적인 사람이라면 통장에만 넣어둘 것이고, 공격적 투자자라면 주식에 투자할 수도 있을 것입니다. 문제는 어느 쪽이든 목표한 기간 안에 나머지 금액을 만들 수 있는가입니다.

만약 적금을 붓기로 하고 저축한다면 9천만 원을 만드는 기간 동안 집값은 이전보다 더 올라 있을지 모릅니다. 주식도 아주 특별한 능력의 소유자가 아니라면 사정은 비슷할 가능성이 높습니다. 그럼 이 사람은 내 집을 마련할 기회가 영영 없는 걸까요?

성경에서 예수님은 귀신으로는 귀신을 잡을 수 없다고 했습니다. 둘 다 고만고만한 상태에서는 상대방을 이길 수 없다는 것입니다. 일반적으로 부동산은 주식이나 적금보다 몸집이 더 큰 투자 종목에 해당합니다.

부동산으로 같은 부동산을 잡는 것도 쉽지 않은데, 상대적으로 몸집이 더 작은 주식과 적금으로 부동산을 잡겠다는 것은 실로 난망한 일입니다.

그럼 최선의 길은 부동산으로 부동산을 잡는 것뿐인데, 이때 핵심은 작더라도 강한 부동산을 골라 승부를 봐야 한다는 것입니다. **부동산에는 부동산으로 붙되, 속도전에서 이기는 게임을 해야 합니다.** 이것이 바로 이 책을 쓴 이유입니다.

5천만 원을 통장에만 넣어두면 아무것도 할 수 없지만, 이렇듯 전략적으로 활용한다면 효율성을 높일 수 있습니다. 부족한 9천만 원은 그것대로 모아 가면서, 갖고 있는 5천만 원을 그에 맞는 부동산에 투자할 수 있습니다. 주택이든, 토지든 작더라도 강한 힘을 발휘하는 부동산에 투자하는 것입니다.

집이라면 꼭 내가 입주를 해야만 내 집은 아닙니다. 우리나라에는 세계 어디에도 없는 사금융 시스템이라고 할 '전세 제도'가 있습니다. 월세가 늘어나는 추세이기는 하지만 전세를 법률로써 금지하지 않는 한, 전세금을 활용한 레버리지 투자는 여전히 유효합니다.

앞의 A투자자 사례와 같이 돈을 모아 가면서도 얼마든지 부동산에 투자할 수 있고, 그에 따라 목표한 바에 더 빠르게 다가설 수 있습니다.

미래를 준비하는
소액 토지투자

앞에서 A는 주택과 토지에 모두 투자했는데, 전자보다 후자가 더 큰 수익을 안겨주었습니다. 보통 땅은 잘만 투자하면 집보다 훨씬 더 큰 수익을 가져다주는 경우가 많습니다. 그리하여 적잖은 사람들이 오늘도 땅을 물색하고 사들입니다.

토지투자에 관한 가장 흔한 오해는 땅을 사려면 돈이 아주 많아야 한다는 것입니다. 언제부터 이런 선입견이 생겼는지는 모르지만 많은 사람들이 범하는 오류입니다. 아마도 땅은 집을 갖고 난 뒤에야 생각해볼 수 있는 것이라고 여기는 까닭입니다.

토지와 주택이 모두 좋은 부동산이라고 가정할 때, 땅의 수익률이 집의 그것과는 비교도 안 된다는 사실쯤은 모르는 사람이 거의 없습니다. 다만 사람들이 걱정하는 것은 집도 없는데 어떻게 땅을 먼저 살 것이고, 행여 오랜 기간 묶이기라도 하면 정작 돈이 필요할 때는 어떻게 하냐는 것입니다.

일견 일리 있는 말입니다. 이 점 때문에 토지 시장은 그동안 자산가들의 전유물이라는 인식이 있었습니다. 그러나 소액으로도 투자할 수 있는 땅이 아직 많이 있고, 경우에 따라 큰 수익으로 이어질 수도 있다는 엄연한 사실은 쉽게 간과되고 있습니다.

좋은 땅 한 필지는 좋은 집 몇 채보다, 투자의 수익 면에서 더한 위력을 발휘합니다. 다만 토지는 장기투자입니다. 최소 3년에서 최대 10년까지도 내다보는 긴 호흡을 필요로 합니다.

하지만 이도 소액투자라면 가능할 수 있습니다. 소액 땅투자의 핵심은 지금 저평가된 땅에 작은 돈을 던져, 미래에 엄청난 이익을 보는 것입니다.

묻어둔 몇 천만 원이 수억, 수십억 원이 되었다는 말이 남의 이야기만은 아닙니다. 토지에 대한 최소한의 지식과 행동에 옮길 수 있는 용기 그리고 인내심만 가지고 있다면, 이미 출발선에 서 있는 것과 같습니다.

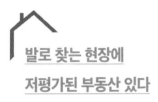

발로 찾는 현장에 저평가된 부동산 있다

'저평가', 어떤 사유로 현재는 낮은 가격에 머물러 있지만 잠재적 상승 가능성이 높은 부동산을 가리킬 때에 쓰는 말입니다. 사람으로 치면 선생님에게 영재 소리를 듣곤 하는 어린이에 비유할 수 있습니다. 선생님이 보기에 두뇌는 좋은 것 같은데, 공식적으로 입증은 안 되었습니다. 그러나 앞날에 입증될 확률은 높아 보입니다.

마찬가지로 부동산도 지금은 잘 드러나지 않아 평범한 것 같지만 정황상 미래에 가파른 가격 상승이 예상되는 물건이 있습니다. 이른바 저평가된 부동산입니다.

첫 번째, 저평가된 부동산으로 제일 흔한 것이 급매물입니다. 급매물은 가치의 저평가라기보다는 매도자의 급한 사정에 기인한 것입니다. 평소 내가 관심을 갖고 있는 지역과 단지, 개별 물건을 위주로 자주는 아니더라도 부동산 중개인에게 꾸준히 물어봄으로써 알아낼 수 있습니다. 이것은 부동산에 대한 특별한 지식과 경험이 없어도 누구나 할 수 있습니다.

두 번째, 저평가된 부동산으로 경매 매물을 들 수 있습니다. 이것도 가치 저평가이기보다는 경매 제도의 성격상 진행이 되면 될수록 값이 내려가는 특성에 따른 것입니다. 부동산 경매를 할 줄 안다면 원하는 부동산을 시세보다 저렴하게 사들여 이익을 낼 수 있는 기회가 상대적으로 많습니다.

세 번째, 진정한 의미의 저평가된 부동산입니다. 황금알을 낳는 이런 부동산은 보통 국토종합개발계획 등 정부가 개발 사업 추진의 근거로 삼는 여러 거시계획들과 밀접한 관계가 있습니다. 이는 정부가 세워놓은 개발과 관련된 정보들을 사전 취합하고, 현장에 나가 탐문조사를 하는 것으로써 알 수 있습니다.

이렇게 이야기하면 부동산 전문가가 아니면 할 수 없는 일처럼 여겨지겠지만 절대 그렇지 않습니다. 국토종합개발계획 같은 거시계획은 정부가 국토교통부 등 관련 부처를 통해 공시하고, 투자자는 이로 미루어 대략의 그림을 그려봄으로써 구체적 개발 항목들을 추려볼 수 있습니다.

만일 정부가 수년 뒤 어느 지역에 철도를 신설할 계획이라면 직접 현장을 찾아, 역이 놓일 부지와 그 주변 지역 정도는 구분해볼 수 있는 일입니다. 그리하여 역사 부지 주변 지역의 주택과 토지에 투자할 수 있습니다. 적당한 시차를 두고 들어간다면 큰 이익을 거두게 될 것입니다.

관심을 갖고 발로 현장을 찾다 보면 예상 밖의 유익한 정보를 많이 얻을 수 있습니다. 현장에서 만나는 공무원과 주민들은 모두 조력자입니다. 이 분들의 말과 귀띔에만 주의를 기울여도 좋은 정보를 얻을 수 있습니다. 무엇보다 현장에는 분위기라는 것이 있습니다. 직접 나가서 보고 느낀 바가 있다면 이미 반은 성공한 것입니다.

필자는 현장에 나가면 가장 먼저 부동산 중개인을 찾습니다. 중개인만큼 해당 지역 부동산에 대해 잘 아는 사람이 없기 때문입니다. 그리고는 실제로 집과 땅을 보여달라고 부탁합니다. 중개인과 같이 돌아다니는 것입니다.

이런 과정을 거치며 지역의 생김새, 개발 여부, 입지 현황, 물건의 상태 등을 쉽게 알아낼 수 있습니다.

한번은 거래 경험이 있는 중개업소를 다시 찾아 좋은 물건을 보자고 했는데, 한 시간을 둘러봐도 알맞은 것이 없었습니다. 돌아오는 길에

오기가 났습니다. 그래서 의리를 깨고(?) 인근의 다른 중개업소를 찾았는데, 마침 생각지도 않은 조건의 좋은 물건이 있어 바로 계약을 했던 경험이 있습니다.

중개업소는 여러 곳을 다닐 필요는 없지만, 한 곳에서 마땅한 물건이 없으면 포기하지 않고 다른 한 곳 정도는 더 들러볼 필요가 있습니다. 같은 지역이거나 인근 지역이라 하더라도 중개업소마다 독점적으로 물건을 보유하고 있는 경우가 있으므로, 발품을 파는 것은 큰 도움이 됩니다.

부지런히 임하다 보면 소 뒷걸음질을 치다 쥐 잡는 뜻밖의 경험도 하게 될 것입니다.

실행이 답이다, 지금 바로 시작하라

"어떤 일이든 실행이 중요하다."라는 말이 있습니다. '백문이불여일견'이라는 명언도 비슷한 말입니다. 듣고 생각만 하는 것보다 실제 행동에 옮기고 나면 별것이 아니었다는 사실을 깨닫습니다.

투자의 귀재로 불리는 짐 로저스는 젊어서 여행가였습니다. 오토바이를 타고 세계 방방곡곡을 다닌 것으로 유명합니다. 우리나라에서

발로 찾는 부동산투자법

있었던 한 강연에서, 그는 자신이 한 여행은 단지 관광만이 아니라, 해당 지역들에 대한 투자의 안목을 키워준 스승이었다는 취지의 말을 했습니다. 여행이 투자를 결행하는 데 필요한 기본기를 갖추게 해주었다는 말로도 들립니다.

마음의 준비는 실행으로 옮겨야 결실을 맺을 수 있습니다. 우리는 부동산에 투자하려고 합니다. 부동산은 비교적 안전하면서도 수익이 큰 종목입니다. 그 외 주식, 선물, 금 등 다양한 분야가 있지만 굳이 부동산을 비껴가면서 다른 쪽을 권하고 싶지는 않습니다. 이 분야의 투자들은 부동산에 비해 상대적으로 수익이 적고, 그렇다고 딱히 안전하지도 않기 때문입니다. 심지어 선물투자는 전문가가 아니라면 큰 위험이 따릅니다.

마음의 준비라고 하면 현재 시점에서는 썩 가치가 커 보이지 않더라도 앞날에는 그 가치가 커질 부동산을 찾고자 하는 열정일 것입니다. 투자는 아는 것에서 그치지 않고 바로 실행에 옮길 수 있어야 합니다. 언젠가 "사놓고 기다려라. 부동산은 절대 배신하지 않을 것이다."라고 했던, 미국 트럼프 대통령의 금언을 되새겨봅니다.

사야 할 때는 내일도 내년도 아닌 바로 '지금'입니다. 부동산에 대한 투자는 빠르면 빠를수록 이롭습니다. 이를 위하여 먼저 부동산에 대해 공부해야 합니다. 하루라도 일찍 부동산에 눈을 뜰 수 있다면 실행의 시기도 앞당길 수 있습니다. 지금 돈이 없다고 아예 관심조차 갖지 않는다면 나중에 돈이 생기거나, 투자할 기회가 주어져도 움직일 수 없습니다. 돈이 없어도 공부는 할 수 있습니다. 미래의 실행을 위한 준비는 할 수 있는 것입니다.

부동산에 대해 전혀 모른다면 현재 살고 있는 집의 등기부등본을 직접 발급받아 표제부는 무엇이고, 갑구와 을구는 무엇인지 등을 배워나가기 바랍니다. 채권최고액, 근저당, 유치권이라는 말이 무엇인지도 모르고 부동산투자를 할 수는 없는 까닭입니다.

이 책을 포함하여 시중에 나와 있는 부동산 관련 서적들을 하나하나 읽어나가는 것도 좋은 배움이 될 수 있습니다. 또한 그동안은 단지 계약서 한 장 써주고 마는 사람으로만 생각해온 부동산 중개인도 사실은 여러분의 좋은 선생님입니다. 이 분들은 부동산 전문가이므로 모르면 동네 중개업소에 들러 물어보고, '사장님'을 자꾸 귀찮게 하는 것에서부터 시작해보기 바랍니다.

트럼프도 처음부터 트럼프는 아니었습니다. 그도 책을 읽었고, 중개인들을 찾아다니는 일부터 시작했습니다. 아주 간단한 것이지만 행동에 옮겼습니다. 이 점이 매우 중요합니다.

부동산투자 시 유용한
인터넷 사이트

국토교통부(www.molit.go.kr) | 실거래가, 개별공시지가, 단독주택 가격, 공동주택 가격 등을 확인할 수 있다.

토지이용규제정보서비스(www.luris.kr) | 자신의 투자 목적에 맞게 토지를 이용할 수 있는지 여부를 확인할 수 있다. 국토교통부 토지이용계획확인서, 규제 안내서, 고시도면을 서비스한다.

주택도시기금(nhuf.molit.go.kr) | 주택구입대출, 전세자금대출, 월세대출, 주택청약 등 주택과 관련된 정보를 확인할 수 있다.

대법원 인터넷등기소(www.iros.go.kr) | 세를 얻거나, 집을 살 때에 반드시 확인해야 하는 '등기사항전부증명서'를 손쉽게 발급받을 수 있다.

전국은행연합회(www.kfb.or.kr) | 자신에게 맞는 대출 상품, 이자, 상환조건 등을 확인할 수 있다.

한국주택금융공사(www.hf.go.kr) | 10년 이상 장기대출과 낮은 이자 등을 비교할 수 있다.

온나라부동산정보(onnara.go.kr) | 전국의 토지, 주택 등 부동산 가격(실거래가, 공시지가, 주택공시 가격), 분양정보, 토지이용규제정보를 필지별로 제공하는 부동산정보 포털서비스다.

전세가율을 알 수 있는 웹사이트 | 경기도 부동산 포털(gris.gg.go.kr)은 경기도 지역 내 아파트 시세, 전세가율, 세대수 등 모든 정보를 확인할 수 있다. 조인스랜드부동산(joinsland.joins.com)은 전국 아파트 시세, 전세가율, 세대수 등 모든 정보를 확인할 수 있다.

경매 관련 무료 사이트 | 대법원 법원 경매정보(www.courtauction.go.kr), 네이버 경매(land.naver.com/auction/), 아모스리치옥션(www.amosauction.com) 이 세 곳만 이용해도 거의 모든 경매 관련 정보를 확인할 수 있다.

2장

소액 부동산투자,
반드시 이것만은 알고 시작하자

'부루마불'에서 배우는
부동산과 인플레이션의 원리

어린 시절, '부루마불' 게임을 해본 기억이 있을 것입니다. 세계 각
국의 주요 도시를 여행하면서 별장, 빌딩, 호텔을 사들이는 게임입니
다. 예를 들어 코펜하겐에 들러 빌딩을 사놓으면 다른 플레이어가 이
도시에 들를 때, 그에 맞는 임대료를 지급하는 방식입니다. 중간중간
황금열쇠, 무인도, 우주여행 등 특별한 이벤트를 갖는 칸들이 있지만,
그 외 대부분의 칸에는 도시 이름과 땅값이 적혀 있습니다.

각 플레이어는 한 바퀴를 돌 때마다 얼마 안 되는 '월급'을 받습니다.

빌딩 등 갖고 있는 부동산에서 생기는 소득에 비하면 매우 적은 금액입니다. 내가 만약 보유 부동산이 적고 다른 플레이어가 부동산이 많아 해당 도시를 들를 때마다 임대료를 내야 한다면, 이 정도 월급으로는 한두 곳을 충당하기도 어렵습니다.

한때 유행했던 이 게임은 자본주의 사회에서 부동산이 갖는 힘과 화폐 가치의 가벼움을 동시에 잘 보여주고 있습니다. 한 번 매입한 부동산은 팔지 않는 이상 계속 부가 가치를 창출하지만, 부동산을 갖고 있지 않을 때는 거꾸로 화폐를 무한 지불해야만 하는 구조에 대해 배우게 됩니다. 이때 한 바퀴를 돌아야만 받을 수 있는 월급이 얼마나 보잘것없는지는 게임을 해본 사람이라면 잘 알고 있습니다.

처음에는 갖고 있는 현금을 지키는 것이 더 중요한 것 같아 도시에 들러도 부동산을 사지 않고 그냥 지나칩니다. 하지만 이 게임을 한 번이라도 해본 사람은 처음부터 공격적으로 부동산을 매수하는 전략을 쓰게 됩니다. 초반에는 공연히 돈을 낭비하는 것 같지만, 중반 이후부터는 부동산을 많이 갖고 있는 쪽이 훨씬 유리하다는 사실을 알게 되기 때문입니다.

인플레이션이란 이런 것입니다. 현물과 화폐 중 후자의 가치가 끊임없이 하락함으로써 일어나는 부의 이동 현상입니다. 물가가 상승하는 것은 그만큼 화폐 가치가 떨어지고 있는 것과 같습니다. 여기서 우리는 왜 현금을 보유하기보다는 부동산에 투자해야만 하는지, 다시한 번 확인하게 됩니다.

또 게임은 소수 몇 곳의 도시에 가장 비싼 호텔을 짓기보다는 더 많은 도시에 그보다 싼 빌딩과 별장을 두루 짓는 것이 더 유리하다는 사실도 알려줍니다. **즉 소수의 고액 부동산을 갖고 있기보다는 다수의 소액 부동산을 갖고 있는 쪽이 환금성이나 임대수익 면에서나 더 뛰어나다는 것입니다. 이런 투자를 가리켜 '분산투자'라고 합니다.**

부루마불은 아이들이 하는 게임이지만 실로 많은 것을 가르쳐주고 있습니다. 자본주의 사회에서 부동산이 갖는 힘과 화폐 가치의 가벼움, 이로부터 발생하는 인플레이션, 소액 부동산의 중요성까지 학교에서는 배울 수 없는 소중한 지식들을 담고 있습니다. 시간을 내서 직접 이 게임을 다시 한 번 해보는 것도 좋을 것 같습니다.

시대의 흐름을
탄다는 것

서로 반대 뜻을 가진 고사성어로 '운칠기삼'과 '우공이산'이라는 말이 있습니다. 전자는 어떤 일을 함에 있어서 운이 70%, 노력이 30%라는 것이고, 후자는 한 가지 일만 계속 파고들면 언젠가는 이룰 수 있다는 것입니다. 필자는 부동산으로 돈을 번다는 것이 무엇인가라고 할 때, 운칠기삼과 우공이산이 반반씩이라고 봅니다. 우공이산이면 운칠기삼 중 '운칠'도 따르게 된다는 것입니다.

투자자가 성공하려면 시대의 흐름을 잘 타야 합니다. 어느 시대든 가장 불황처럼 보이는 때에도 그 시기에 할 수 있는 최선은 있었습니다. 이 기회를 볼 줄 알고, 흐름 위에 탈 줄 아는 사람만이 부자에 한 걸음 더 가까이 다가갈 수 있습니다.

부동산에 투자하면서 필자가 깨달아 가는 것이 있다면, 세상에는 혼자 힘만으로 되는 일은 아무것도 없다는 평범한 진리입니다. 모두가 천재가 아니듯 모두가 천재일 필요는 없습니다. 다만 모두가 원하는 것, 모두가 추구하는 바를 빨리 캐치해서, 그 일을 실행하는 사람이 앞서가는 투자자입니다. **꼭 앞에서 나설 필요도, 모든 사람을 끌고 갈 필요도 없습니다. 단지 중간에 참여하더라도 시대의 흐름을 잘 타기만 하면 됩니다.**

부동산에 투자하다 보면 아무리 좋은 매물이라도 내가 가장 빨리 선점해놓는 일은 없습니다. 아무리 큰 개발이 예정되어 있고 전망이 좋은 곳이라 하더라도 누군가 그곳에서 최초로 사업을 벌인 사람이 있고, 그 일이 되도록 앞에서 끌고 가는 사람들이 있습니다. 부동산의 미래를 만들어가는 그룹입니다. 그런데 필자는 누구나 이렇게 될 필요는 없다고 봅니다. 현명한 투자자는 그저 흐름을 잘 타면 됩니다.

선도 그룹은 정부가 될 수도, 기업이 될 수도, 때로는 어떤 유행의 광풍이 될 수도 있습니다. 중요한 것은 대세를 이루려는 흐름에 과감히 참여하는 것입니다.

발로 찾는 부동산투자법

"나라가 밀어주는 곳에 투자하라!"

최근 한 부동산 전문가가 투자 세미나에서 한 말입니다. 이 말에 더해 필자는 "시대의 흐름을 타라!"고 말하고 싶습니다. 내가 혼자 뭘 하려고 애쓰기보다, 돈을 못 벌래야 못 벌 수 없는 흐름 위에 올라타야 합니다. 소액 부동산투자는 시대의 이 같은 흐름을 반영하고 있습니다.

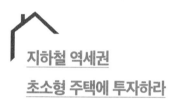

지하철 역세권
초소형 주택에 투자하라

부동산투자에서 지하철 역세권투자는 특별한 재난이 일어나지 않는 한 늘 이기는 투자로 통합니다. 지하철은 버스, 기차, 항공기에 비해 가장 많은 이용객을 갖고 있는 대중교통 수단입니다. 지역의 접근성과 연결성을 높이는 데 독보적 역할을 담당하고 있습니다.

대개 지하철역이 소재하는 지역은 유동인구가 끊이는 법이 없습니다. 역이 있으면 인구 유입이 일어나기 마련입니다. 그에 따라 상권과 주거지구가 발달하게 되고, 지역은 일정 수준 이상의 구매력을 갖게 됩니다. 이 구매력이 다시 상권에 영향을 주면서 상호간 상승작용을 일으키는 경우가 많습니다. 이때 인근 집값이 탄력을 받아 오르는 현상이 일어납니다.

지하철 역세권투자는 '지하철역 반경 450m 안쪽 초소형 주택'에 투자하는 것이 포인트입니다. 필자는 초소형 주택의 기준을 구단위 전용면적 10평 안팎으로 보는데, 7평 이하면 원룸이고 10평 전후면 투룸이 될 것입니다. 7평에서 13평 사이 주택은 수요층이 두터워 소액 부동산투자 대상으로서 가장 적합합니다.

보통 어떤 지하철역이 있으면 반경 최대 150m까지는 상권이 형성되어 있고, 주거지구는 그 바깥으로 위치해있습니다. 간혹 상권 안에 주택이 있기도 하지만, 대부분은 '나홀로 집'이거나 상가 건물 안에 있는 집입니다.

이런 경우는 상권 안에 있는 주택이 역과 가깝다고 하여 반드시 더 좋은 것만은 아닙니다. 역에서 150m 안쪽에 위치하면 초역세권이라고 할 수 있지만, 만일 집이 상권 안에 있다면 소음과 환경 문제로 인하여 오히려 뜻밖의 괴로움을 겪을 수 있습니다.

이런 이유로 필자는 초역세권보다는 '그냥 역세권'에 투자하는 것을 더 선호합니다. 150~450m 정도는 걸어도 별 무리가 없는 거리고, 주거 용도로만 쓰이고 있기에 조용하여 사람이 살기에 적당합니다. 실제로 이런 지역은 교통과 생활 인프라를 모두 갖추고 있어, 급증하는 젊은 1인 가구 직장인의 희망 거주지 1순위로 손꼽히기도 합니다.

특별히 이 책에서 주목한 것은 기존 역세권 외에 앞으로 신설될 역 주변에 대한 투자입니다. 이는 투자 효과를 한층 더 높이기 위한 것으로, 내용은 크게 두 가지로 나누어볼 수 있습니다. 각각 4장과 7장에서 자세히 살펴볼 것들입니다.

첫 번째는 'GTX'로 불리는 수도권광역급행철도입니다. 지역에 따라 A, B, C 세 노선으로 나누어져 현재 사업이 진행되고 있습니다.

두 번째는 서울지하철 5, 7, 8, 9호선의 연장선입니다. 역시 진행 중인 사업입니다. 서울에서 하남, 인천, 남양주로 뻗어가는 신설 역들이 그 대상입니다.

근년인 2016년에는 신분당선과 KTX 수서, 평택 간 노선이 개통되면서 각각 광교 신도시와 평택 역세권투자가 큰 수익을 내었습니다. 그 여파로 GTX와 지하철 연장선 역세권에 대한 투자도 같은 효과를 낼 것으로 기대되고 있습니다.

잘 나가는 기업이 '찍은' 곳을 주목하라

한국경제연구원의 분석에 따르면, 소위 '중심 기업'이 둥지를 튼 '자족도시'는 일자리 창출을 기반 삼아, 출산율이 오르고 인구가 지속적으로 늘어납니다.

여기서 중심 기업이란 삼성전자, 현대자동차, SK하이닉스 등 우리 경제를 선도하는 대기업을 말합니다. 자족도시란 외부의 도움 없이 혼자서도 생존할 수 있는 기능을 갖춘 도시를 말합니다.

현재 이런 자족도시는 수원, 평택, 경기 광주, 판교, 이천, 화성, 파주, 서산, 아산, 청주 등 대략 아홉 곳입니다. 이 도시들은 모두 대기업의 본사 내지 공장과 각종 연구단지가 들어서 있는 지역들입니다. 대표적으로 삼성전자는 수원에 본사를 두고 있고 평택, 화성, 아산에 공장을 두고 있습니다. 현대자동차는 경기 광주에, SK하이닉스는 이천에 각각 공장을 가동하고 있습니다. LG디스플레이는 파주, SK이노베이션은 서산에 각각 공장을 설립했습니다.

판교는 카카오, 넥슨, 엔씨소프트, NHN엔터테인먼트, 안랩 등 정보통신기술 기업 및 1,000여 개가 넘는 스타트업 기업들의 경연장입니다. 이곳에서 일하는 인원만 7만 명이 넘습니다.

한편 '잘나가는 공기업'의 지방 이전도 주목해야 합니다. 대표적으로 대구와 전남 나주를 들 수 있습니다. 2014년 하반기, 각각 한국가스공사와 한국전력공사가 들어섬에 따라 현재까지도 '신도시 건설'이 차근차근 진행되고 있는 곳들입니다.

서울에서 이런 곳을 꼽으라면 마곡지구를 들 수 있습니다. 현재 서울 강서구 마곡동에서 진행 중인 개발 사업은 '제2의 판교테크노밸리'로도 불릴 정도로 큰 규모와 첨단 산업으로서의 면모를 보이고 있습니다.

한국경제연구원에 따르면 위의 지역들은 고용률, 출산율, 인구 유입률의 모든 면에서 전국 평균을 크게 상회합니다. 또한 경제력이 향

상됨에 따라 삶의 질을 나타내는 지표도 높게 나왔습니다.

우리는 이런 지역들의 부동산에 주목해야만 합니다. 근년에 제주 토지와 함께 큰 인기를 끈 평택 토지투자 붐은 삼성전자가 평택에 고덕국제도시를 조성하겠다고 발표하면서 일어난 것이었습니다. 불과 2~3년 전 고덕지구 인근 땅에 투자한 사람들은 엄청난 수익을 거두고 있고, 이보다 앞서 SK하이닉스의 이천 공장 설립 추진을 기해 이 지역 땅에 투자한 사람들도 큰 수익을 내고 있습니다.

대기업이 어느 도시에 들어간다는 것은 단순히 해당 기업 종사자의 유입 문제만으로 끝나지 않습니다. 관련된 수많은 하청업체와 관계 산업 종사자, 새로 조성되는 상권과 병원, 학교 종사자 등 실로 대규모의 인구 이동이 일어나게 됩니다. 삼성전자 공장이 있는 평택의 경우, 지난 수년간 꾸준한 인구 유입으로 집값이 크게 오르고 주택 전세 가율도 기존 신도시 수준에 이르는 등 도시의 네임 밸류 자체가 상향 평가받고 있습니다.

그런데 필자는 이미 알려진 자족도시에 대한 투자도 좋지만, 미래를 내다볼 때 해당 도시 옆에 있는 비교적 작은 도시의 부동산에 투자하는 것도 좋은 일이라고 판단됩니다.

예를 들면 평택이 너무 비싸게 다가온다면 그 옆 안성에 투자한다거나, 경기 광주와 이천이 부담된다면 옆에 있는 여주에 투자하는 식입니다.

이런 투자를 하기 위해서는 평택이 처음부터 평택이 아니었듯, 안

성도 언젠가는 그 뒤를 밟아갈 것이고 여주도 그럴 것이라는 부동산의 미래에 대한 긍정적인 시각이 필요합니다.

인내를 갖고서 임한다면 '곁불 쬐기'로 끝나지 않고 주인공이 되어 큰 수익을 내는 날도 분명 보게 될 것입니다.

개발 예정지를 직접 탐문하라

부동산투자는 시점을 기준으로 기존 도시에 투자하는 것이 있고, 개발 예정지에 투자하는 것이 있습니다. 서울이나 위에서 살펴본 여러 자족도시들에 투자한다면 이쪽도 나름 좋은 수익을 낼 수 있겠지만, 역시 최선의 투자는 앞으로 개발이 예정되어 있는 지역을 선점하는 것입니다.

대체로 개발 예정지는 현재 시점에서는 '오지'로 남아 있는 경우가 많습니다. '누가 이런 곳에 집을 짓고 살까?' 할 정도로 아무도 쳐다보지 않는 땅들이 있습니다.

1970년대, 서울이 확장되기 전 마포 쪽에서 바라본 여의도는 모래뿐인 외딴 섬이었습니다. 개발계획이 발표되고도 사람들은 저런 곳에 짓는 집이 온전할 수는 있겠느냐고 했지만, 결국 여의도는 개발되었

발로 찾는 부동산투자법

습니다.

　지방으로 눈을 돌려보면, 최근 일어나고 있는 시·군 단위 도시들의 탈바꿈은 놀랄 만합니다. 부산, 대구, 광주, 울산 같은 광역시는 물론이고 원주, 나주, 연기, 공주, 진천, 음성, 전주, 완주, 김천, 진주, 서귀포의 11개 시·군들은 혁신도시 개발사업군群으로 묶여 이전에는 상상도 하지 못할 수준의 첨단도시로 나날이 변모해가고 있습니다.

　이들 지역은 과거에는 서울, 수도권에 비해 상대적으로 발전 속도가 더디다는 이유로 관심을 끌지 못했지만, 이제는 한 곳도 빠짐없이 상전벽해桑田碧海하고 있습니다.

　대개 모든 개발 예정지는 지금으로서는 도저히 미래가 그려지지 않을 만큼 철저히 방치된 상태로서 존재합니다. 개발이 되기 전까지는 아무도 땅의 가치를 알아주지 않습니다.

　개발 예정지를 똑 부러지게 알아맞힐 수 있는 사람은 드뭅니다. 국토교통부에 오래 종사한 사람이거나, 내부 정보를 알 만한 위치에 있는 사람이 아니고선 자세한 것까지 알 수 없습니다.

　과거 권위주의 정부 시절에는 각 대학 지리학과 교수들이 국가 주도의 개발 사업에 많이 참여하여 큰돈을 벌기도 한 일화도 있지만, 오늘날은 그때에 비하면 훨씬 투명한 사회가 되었습니다.

　오히려 지금은 대부분의 정보가 공개되어 있고, 그에 따라 이미 나와 있는 정보들을 갖고도 충분히 미래의 개발을 예측할 수 있는 시대를 살고 있습니다.

그렇다면 개발 예정지는 어떻게 알 수 있을까요?

개발 예정지를 판단하는 데 있어 필자가 쓰는 방법은 크게 두 가지입니다.

첫째, 인터넷상의 지도를 검색해보는 것입니다. 이것은 매우 간단하여 누구든 쉽게 할 수 있습니다. 먼저 네이버 검색창에 특정 지역의 이름을 치면 그 지역과 주변 지역을 나타내는 지도가 함께 뜹니다. 이 지도를 확대해보면 간간이 주변 몇몇 구역을 점선으로 묶어 그 위에 '재정비촉진지구', '뉴스테이지구', '공공주택지구' 등의 말을 붙여놓은 것을 볼 수 있습니다.

보통 기존 주거지구의 옆이나 도시에서 아예 동떨어진 곳에서 발견되고는 하는데, 끝에 '지구'라는 말이 붙은 이 모든 구역들이 바로 조만간 개발이 예정되어 있는 곳들이라고 할 수 있습니다. 공항이나 항만 건설 같은 매머드급의 민감한 개발 사항까지 알 수는 없더라도, 택지 개발 정도는 이 방법을 통하면 쉽게 알 수 있습니다.

둘째, 현재 개발이 한창 진행 중인 지역의 옆이나 방위상 그 반대편을 들여다보는 것입니다. 여기서 '옆'과 '반대편'은 반드시 낙후된 곳이거나 오지여야 합니다. 이런 곳은 소도시일 수도, 시골일 수도, 아예 사람이 살지 않는 지역일 수도 있습니다.

필자는 때때로 이런 곳을 추려보고 직접 현장에 가보기도 합니다. 현장을 방문하는 이유는 현장에서만 취할 수 있는 정보를 얻기 위해서입니다.

발로 찾는 부동산투자법

가령 개발지 A 옆에 있는 이름도 없는 B지역이 답사지라면 그곳에서 가장 가까운 곳에 있는 관공서를 방문해 공무원에게 물어보거나, 인근 주민들을 만나 이야기를 들어볼 수 있습니다. 그리고 개발 중인 A지역과는 얼마만큼 떨어져 있는지, 지세는 어떠한지 등을 알아봄으로써 B지역의 미래를 찬찬히 그려나갈 수 있습니다.

시간을 내기 어렵다면 주말을 이용해서라도 평소 답사를 다니는 습관을 들여놓는다면 도움이 될 것입니다. 탐문도 여행이라고 생각하면 한결 가벼운 마음으로 시작할 수 있습니다.

한편, 막연하게 개발 예정지라는 소문만 듣고 현장 방문 없이 계약을 했다가 낭패를 보는 사례들이 있습니다.

대표적인 것이 개발 예정지는 맞는데 해당 토지만큼은 공법상 규제에 걸려 작은 창고 하나 지을 수 없다거나, 토지별도등기가 걸려 있는 집을 사 남의 빚까지 떠안게 되는 경우입니다. 일부 나쁜 기획부동산의 꾐에 넘어가 저지르는 실수인데, 부동산이라는 큰 거래를 하면서 현장에 가보지도 않고 사기를 당했다면 누구에게 하소연할 수도 없습니다.

그래서 필자는 직접 방문하여 탐문할 것을 강조합니다. 토지는 건축과 공무원에게, 주택은 부동산 중개인에게 물어보기만 해도 사기 피해는 어느 정도 피할 수 있습니다.

공정위에서 발표한
기획부동산의 수법들

1. 토지의 분할 허가를 받지 않았거나 허가 가능 여부가 불분명함에도 불구하고 분할이 가능한 것처럼 표시하고 광고하는 경우다. 이는 토지의 분할 허가를 받지 않아 공유지분으로 공급할 수밖에 없음에도 불구하고, 가분할도상에 필지를 점선으로 표기하여 분할된 것처럼 표현하는 사례다.

2. 토지 등의 주소를 정확히 표시하지 않아 실제보다 우량 또는 유리한 것처럼 소비자를 오인시킬 우려가 있는 경우다. 토지를 분할하여 판매하면서 실제 공급할 토지의 일부가 도로에 인접하지 않았음에도 불구하고, 도로에 인접한 토지의 지번만을 표기하는 경우가 해당된다.

3. 객관적, 구체적 근거 없이 확정적 투자수익이 가능한 것처럼 소비자를 오인시킬 우려가 있는 경우다. 객관적 근거 없이 단순히 개발계획 등으로 지가가 상승될 것이라는 기대만 갖고서 "○○원 투자 시 2년 내 200%의 수익을 돌려주겠다."라고 표현하는 것이다.

4. 개발 가능성이 없거나 확정되지 않은 개발계획을 확정된 것처럼 표현하여 소비자를 오인시킬 우려가 있는 경우다. 먼저 토지를 분할하여 분양하면서 해당 토지와 인접한 도로 개통이 확정되거나, 도로 개통계획이 결정되지 않았음에도 불구하고 '도로 개통 예정'이라고 표현한 것이다. 또한 지방 산업단지 조성과 관련하여 개발 지역으로 선정되지 않은 주변 임야를 분양하면서, 산업단지와 연계하여 곧 개발될 것이라고 표현하는 사례가 대표적이다.

복리 적금처럼,
부동산투자는 시간을 투자하는 것

　이따금씩 주위에서 주식으로 단기간에 짭짤한 수익을 보았다는 분들의 이야기를 듣습니다. 필자도 한때 시험 삼아 홍콩거래소 모 주식에 300만 원을 투자하여, 3개월 후에 150만 원을 벌었던 적이 있습니다. 아마 그때 1억 원을 투자한 사람은 5천만 원을 벌었을 것입니다. 이 경우를 흔히 투기라고 합니다. 모든 '단타'는 투기라는 데에 필자는 동의합니다.

　부동산투자에도 투기 행위는 있습니다. 우리가 잘 아는 강남 재건축 분양권 매매나 갑자기 뜬 지역의 거래는 보통 단기간에 이루어지는 경우가 많아, 최근 정부의 고강도 부동산 대책 집행과 같은 규제를 부르는 원인이 되어 왔습니다.

　그러나 이 많은 투기 관련 이야기들에도 불구하고 부동산에 관하여 사람들이 쉽게 놓치고 있는 부분이 있습니다. 집값은 보통 생각하는 것만큼 그렇게 단기간에 오르지 않는다는 사실입니다. 아주 특별한 개발 호재가 있는 지역이 아니면 집값, 땅값은 모두 완만한 곡선을 그리며 상승합니다.

　투자자가 눈에 띄게 벌었다 싶을 정도가 되려면 집은 매입 후 최소 2년, 땅은 3년 이상의 시간이 소요됩니다. 이 시간을 기다릴 수 없다

발로 찾는 부동산투자법

면 그것은 투기에 가깝습니다.

예전에 투자 자문을 하는 어떤 한 분이 저서 《지금 중국 주식 천만 원이면 10년 후 강남 아파트를 산다》에서 책 제목과 같은 주장을 해 화제가 된 적이 있었습니다. 책을 본 많은 분들이 홍콩, 상하이거래소를 통해 중국 주식을 샀고, 곧 이익을 보기도 손해를 보기도 했습니다. 그런데 손해를 봤다는 분들의 이야기를 들어보면 하나같이 단타였습니다. 여유 자금이 아닌 돈으로 투자하여 혹은 빚을 내 투자해, 해당 주식을 장기간 가져갈 수 없는 상황들이었습니다.

저자는 책 제목에서부터 분명 10년이라는 보유기간이 필요하다고 했지만, 많은 사람들은 1년도 안 되어 참지 못하고 팔아 버렸습니다. 작은 이익을 봤든 손해를 봤든 그것으로서 끝났습니다. 아마도 그분들은 1년 사이에 수많은 거래를 했을 것이고, 증권사의 수익만 올려주었을 것입니다.

부동산도 마찬가지입니다. 오늘 샀는데 한 달 뒤에 올라 있는 부동산은 어디에도 없습니다. 아무리 뜨는 지역이라 하더라도 가능하지 않은 이야기입니다. 이와 관련해 잘 갖는 고정관념이 부동산은 지역이 가장 중요하다는 것입니다.

물론 지역은 중요합니다. 그러나 그 와중에 쉽게 간과하는 것이 시간입니다. 뼈가 담긴 투자 속어로 "시간이 깡패다."라는 말이 있습니다. 시골의 10년 묵힌 땅이 도시에서 이제 막 산 집보다 훨씬 낫다는 것입니다. 부동산은 '기다림의 미학'을 필요로 합니다.

무엇을 기다린다는 건 생각보다 쉽지 않을 수 있습니다. 인내를 요구합니다. 그사이 자잘한 등락장에 따라 또는 개인 사정에 따라 팔고 싶은 마음이 들 수 있습니다. 그렇지만 현명한 투자자의 경우, **집을 한 번 사면 아예 안 팔거나 땅은 최소 5~10년은 갖고 간다는 분들이 많습니다. 2~3년만 지나도 이익이 나는데, 이 정도면 투자자 본인도 예상하지 못한 수익을 거두게 될 확률이 높습니다.**

새삼 강남의 한 투자회사에 근무하는 친구의 이야기가 떠오릅니다. 강남 알부자들의 투자 포트폴리오를 보면 공통된 특징이 한 가지 있는데, 바로 '대장주'라고 할 삼성전자의 주식을 모두 갖고 있다는 것과 그 보유기간이 짧아도 15년 이상이라는 것입니다. 매수 가격의 평균은 주당 5만 원이 채 되지 않습니다. 그런데 삼성전자의 현재 주가는 200만 원 중후반대입니다.

부동산도 이 패턴을 따라가야 합니다. 내가 처음 세워놓은 목표에 대한 믿음이 흔들리지 않으려면, 부동산은 결국 이긴다는 확신이 있어야만 합니다. 이를 위해선 자본주의 시장 구조에서 인플레이션에 대한 이해가 필요합니다. 즉 현물로서 부동산이 갖는 가치 상승적 속성에 대한 이해입니다. 확신이 있다면 완주할 수 있을 것입니다.

부동산투자, 그중에서도 특히 소액 부동산투자는 지금은 사라지고 없는 일종의 복리 적금과도 같습니다. 과거 개발시대의 적금이라는 것은 초고율 이자에, 이자가 이자를 부르는 형태의 재테크였습니다. 몸집을 키우기도 쉬웠지만 키우면 키울수록 더 큰 비율로써 커지는

발로 찾는 부동산투자법

구조였습니다.

소액 부동산은 지금, 이런 역할을 대신하고 있습니다. 시간을 두고 천천히 임한다면 과거의 복리 적금보다 훨씬 더 큰 수익을 낼 수 있습니다.

헌집 싸게 사서, 수리 후 가치 높이기

부동산투자를 하다 보면 간혹 무용담 같은 고수들의 비법을 접하게 되고는 합니다. 운이 아닌 실력으로 큰돈을 번 사람들의 이야기입니다. 대개 경매로 특수물건을 낙찰받아 문제를 해결했다거나, 아주 오래된 다가구를 싸게 매입해 1층을 카페로 개조하여 붐을 일으켰다는 것들입니다. 이런 사례들은 그야말로 노련하고 자금도 많은 사람들만의 이야기로 들릴지 모릅니다.

우리는 보통 사람들의 이야기를 하려고 합니다. 어떻게 하면 같은 부동산이라도 더 가치 있게 만들 수 있는 걸까요?

집의 경우라면 가장 간편하고 손쉬운 방법은 수리를 하는 것입니다. 인테리어 업자에게 맡기어 집 내부를 새 집으로 만듭니다. 다세대의 경우에 구옥이라면 현관문을 도색할 수도 있습니다.

서울 망원동을 가면 리모델링 공사가 한창입니다. 옛 다가구를 통으로 매입해 완전히 다른 건물로 만드는 장면을 심심찮게 보게 됩니다. 그후 매각을 하거나 점포로 세를 주는 것이 유행처럼 되었습니다. 그러나 여기서는 개별 주택의 수리에 한해서 살펴보려고 합니다.

대개 수리를 할 줄 몰라서 안하는 집주인은 없습니다. 다소 낡았어도 기존에 사는 집이 익숙하거나, 세를 줄 때에 비용을 아끼려는 생각에서 그대로 놔두는 경우가 많습니다. 하지만 이런 생각은 크게 잘못되었다는 점을 지적하고 싶습니다.

집은 어느 정도의 여윳돈이 있다면 무조건 수리를 해놓는 편이 좋습니다. 필자는 이렇게 하는 것이 같은 돈으로 우량 주식 몇 주를 사놓는 것보다 훨씬 더 나은 투자 방법이라고 믿습니다. 수리도 투자라는 사실을 인식했으면 합니다.

본인이 산다면 사는 동안에 보다 질 높은 환경에서 쾌적하게 살 수 있고, 사후 매각하거나 세를 줄 때도 인근에 나온 매물 중 가장 높은 값을 받을 수 있습니다. 수리를 하는 임대인들은 보통 본인이 들인 수리비용까지 포함시켜 시장에 내놓는 경우가 많은데, 그렇더라도 수리가 안 된 다른 집보다는 거래에서 훨씬 유리합니다.

구단위 22평 소형 아파트 기준으로 1,500만 원이면 가장 나쁜 상태의 집도 최고로 만들 수 있습니다. 전용면적 10평 안팎 다세대의 경우에 700만 원이면 같은 효과를 볼 수 있습니다. 그런데 세를 주는 많은 경우, 위 금액의 절반 선에서 수리를 해놓곤 합니다. 그러나 집은 들인 비용만큼 그 가치가 높아지고 결코 배신하지 않는다는 점을 알아두면 좋겠습니다.

디자인은 심플하게 꾸미는 게 좋습니다. 모든 사람들의 기호를 맞출 수는 없지만 무난한 스타일은 언제라도 찾는 손님이 있습니다. 필자의 경우에는 벽과 천장은 밝은 화이트로 통일하고 바닥은 약간만 어두운 강마루를 썼는데, 이전보다 더 넓어 보이고 한결 고급스럽게 연출하는 효과를 냈습니다. 집수리를 투자의 기술로서 적극적으로 활용할 필요가 있습니다.

집을 보러 오는 손님의 타깃 층을 고려하는 것도 좋은 전략입니다. 대개 집을 찾아오는 손님은 여성입니다. 여성의 마음에 들어야 집을 잘 팔 수 있습니다. 여성들이 가장 많이 보는 부분이 화장실과 싱크대입니다. 거실과 방이 깨끗하더라도 이 두 가지가 시원찮으면 거래가 쉽지 않습니다. 화장실은 반드시 수리를 해주고 싱크대는 인조대리석으로라도 교체하여 주는 것이 좋습니다.

또한 인테리어가 무리라면 적어도 정리정돈만 잘해놓아도 집은 달라 보입니다. 정리정돈이란 기물, 소품들이 본래 있어야 할 곳에 놓여있는 정도입니다.

오래된 전등은 꼭 갈아주어야 합니다. 전등 자체도 그렇지만 조명과 관련되어 있기 때문입니다. 환한 조명과 은은한 조명을 조화롭게 배치하는 것이 좋습니다. 요즘 조명 가게는 많고 종류도 다양합니다. 이런 정도는 업자에게 맡기지 않고 직접 할 수 있습니다.

집을 보는 행위는 남녀불문하고 다분히 느낌에 좌우되는 경향이 커서 손님에게 좋은 '감'을 안겨줄 수 있어야 합니다. 심지어 필자는 특정 소품의 배치가 마음에 든다고 하여 계약에 이른 경험도 했습니다. 이 분은 집에서 따뜻한 기운이 느껴진다며 좋아했습니다.

단지 집을 비싼 값에 파는 데에만 매달리기보다, 집은 사람이 사는 공간이라는 '기본'에 충실하면 값은 저절로 잘 받을 수 있게 될 것입니다.

흥정의 기술, 공인중개사 내 사람 만들기

공인중개사는 단순히 계약서 한 장 달랑 써주고 마는 사람이 아닙니다. 매도자와 매수자의 호가 사이에서 가격을 절충하여 부동산 시세를 만들어가는 사람들입니다. 부동산 상승장에서는 "부르는 것이 값이다."라는 말도 나오는데, 이 말도 사실인즉 부동산 중개인이 그럴 만하다고 승인했기에 가능한 것입니다. 부동산의 거래는 비교적 큰돈을 매개로 이루어지므로 공인중개사의 역할은 막중하다고 할 수 있습니다.

집과 땅을 거래할 때, 매수자는 어떻게든 싸게 사려고 하고 매도자는 비싸게 팔려고 합니다. 그리하여 현명한 투자자는 가능한 한 싸게 사서 최대한 비싼 값에 팝니다. 이때 흥정을 하게 되는데, 여기서는 현장에서 일정 정도 이상의 이익을 낼 수 있는 흥정의 기술에 대하여 이야기해보려고 합니다.

부동산 거래에서 흥정이란 매도자와 매수자 사이에 오가는 것이지만 공인중개사를 꼭 거쳐야만 한다는 점에서, 양측 모두 사실은 부동산 중개인과 흥정을 하고 있는 것과도 같습니다. 중개인은 양측이 부르는 값의 중간에서 나름 영업 능력을 발휘해 일이 되도록 하려고 합니다. 매도, 매수자 쌍방 중 어느 한쪽이 터무니없는 값을 제시하지 않는 한 거래가 성사될 수 있도록 노력하는 것입니다.

그런데 우리는 때에 따라 매수자가 되기도, 매도자가 되기도 합니다. 따라서 여기서는 각각 매수자와 매도자의 입장에서 공인중개사를 대하는 방법에 대해 알아보겠습니다.

매수자의 입장이라면 설령 눈으로 본 집이나 땅이 마음에 들더라도 얼른 내색하지 않고 다소 뜸을 들이는 것이 좋습니다. 마음속으로는 사고 싶어도 중개인 앞에서는 뭔가 망설이는 기색을 내비칠 필요가 있습니다. 이것은 사실 매도자에게 보내는 신호입니다.

매도자는 어쨌든 물건을 팔려고 내놓은 사람입니다. 현금이 필요합니다. 그렇기에 아무리 좋은 물건일지라도 부른 값이 비싸다 싶으면 조금이라도 깎기 위해 이렇게 하는 것입니다.

그리고는 당초 생각해놓은 값보다 조금 더 낮게 가격을 부릅니다.

중개인에게는 이 값이면 지금 바로 거래를 하겠다는 뜻을 전합니다. 단, 이때 주의해야 할 것은 당초 염두에 둔 값보다 지나치게 낮게 부르면 안 된다는 것입니다.

이 경우에 매도자가 자존심이 상해 화를 내며 물건을 거두어들일 수 있습니다. 매수자는 물건은 좋은데 이 값이면 사겠다고만 하는 것입니다. 보통 이렇게 하면 중개인은 내가 부른 값과 매도자가 부른 값 사이에서 절충에 들어가게 되는데, 이 과정을 거쳐 당초 생각해놓은 값에 더 가까이 가게 됩니다.

매도자라면 시세를 정확히 파악한 뒤, 그보다 조금 높은 값에 물건을 내놓습니다. 주택의 경우, 집값이 2억 원이라면 2억 2천만 원이나 2억 1천 5백만 원 선에 내놓습니다. 그러면 당연히 매수세가 움츠러들 것입니다. 그래도 개의치 않고 내놓습니다. 얼마 후 손님이 나타나 너무 비싸다는 이야기를 꺼내면 중개인에게 정말 사려고 하는 사람인지 물어보고, 사면 천만 원까지는 조정해보겠다는 뜻을 전합니다. 그래도 시세보다는 5백만 원에서 천만 원 정도 더 받기 위함입니다.

이때 조급한 모습을 보이지 않는 것이 중요합니다. 매도자는 일단 물건을 내놓으면 이후 중개인에게 먼저 전화를 할 필요가 없습니다. 다만 이 손님이 아니어도 그만이라는 식의 배짱을 가져야 합니다.

만약 손님이 물건에 대한 매입 의사를 포기하지 않는다면 최소한 시세에서는 거래를 하려고 할 것입니다. 매도자가 할 일은 시세 정도나 그보다 조금 더 받는 것을 목표로 당초 생각한 값보다 더 높게 부른 뒤, 임자로 보이는 매수자가 나타나면 처음 부른 값에서 조금 물러서는 것입니다. 매도자는 어떤 경우에도 중개인을 대하며 조급함을 보여서는 안 됩니다.

한편 전세 거래는 대부분 매도 측이 우위에 있습니다. 매매가보다는 낮되, 바로 이전 전세가보다는 높은 값에 거래가 될 수 있도록 중개인에게 부탁할 수 있습니다.

예전에는 주로 토지 거래에서 중개인에게 수수료를 더 얹어주며 원하는 가격을 제시하는 사례도 종종 있었습니다. 하지만 이것도 터무니없이 높게 부르면 성사되기 어려울뿐더러, 요즘은 중개인 측에서 거절하는 경우가 많습니다. 불법 거래 사실이 알려지면 영업정지에 처해질 수 있기 때문입니다.

투자자도 얕은 수보다는 떳떳한 거래로 이익을 내는 쪽이 중장기적으로는 더 이롭다는 인식을 가져야 할 것입니다. 합법적인 틀 안에서 흥정을 통해서도 얼마든지 이익을 낼 수 있습니다. 그래서 평소 공인중개사를 알고 지내되, 나의 입장을 충분히 대변해줄 수 있도록 하는 편이 훨씬 더 나은 방법이 될 것입니다.

덧붙이고 싶은 것은 능력 있는 중개인과 관계를 돈독히 해놓으라는 것입니다. 사실 능력 있는 중개인을 만나게 되면, 누구나 한 번쯤은 부동산 거래 경험을 갖게 됩니다. 여기서 중요한 것은 추가 거래를 통해 관계를 계속 이어 가는 것입니다. 한 번의 거래에서 끝나지 않고 두 번, 세 번 거래를 이어 가며 상호 이익을 낼 수 있도록 합니다.

꼭 거래 목적이 아니더라도 한두 달에 한 번 정도 들러 인사를 한다든지 하는 것도 좋은 방법입니다. 능력 있는 중개인의 마음을 사게 되면 먼저 찾지 않아도 좋은 물건이 나왔다며 전화가 걸려오게 될 것입니다.

부동산 살 때 필요한 서류들

공부서류	발급처	확인할 수 있는 내용		사용 시기
① 등기사항 전부 증명서 (등기부등본)	관할 등기소, 대법원 인터넷등기소 (www.iros.go.kr)	건물 등기사항 전부증명서	소유자의 인적 사항, 공유지분 여부, 소유권 변동의 원인과 이전 시점, 압류 · 가압 · 가처분 · 가등기사항, 지상권 · 지역권 · 전세권 · 임차권 · 저당권 여부 등을 알 수 있다.	건물이 있는 부동산을 살 때
		토지 등기사항 전부증명서		
② 건축물 대장	구청이나 군청, 정부민원포털 민원24 (www.minwon.go.kr)		건축물의 신축, 증축, 용도변경, 멸실 등 기타 변동 사항을 정리해놓은 공적 장부로서 명칭, 구조, 용도, 각 층별 면적, 용적률, 사용승인일자, 주차장 등을 확인할 수 있다.	
③ 토지 대장			토지의 면적, 지목(사용용도), 소유자, 토지의 분할 · 합병의 역사, 토지 등급 등 토지의 구조를 한눈에 볼 수 있다.	
④ 지적도			지적법에 의해 땅의 지번, 축척, 경계선 등의 사실관계를 확인할 수 있다.	토지를 살 때
⑤ 토지이용 계획 확인서	구청이나 군청, 토지이용규제 정보서비스 (luris.molit.go.kr)		토지에 건축할 수 있는 건물의 용도와 규모를 결정해놓은 지역, 지구, 구역 등 도시계획 사항이 표시되어 있어 토지에 대한 허용 및 제한 사항을 알 수 있다.	
⑥ 개별 공시지가 확인서	구청이나 군청, 정부민원포털 민원24 (www.minwon.go.kr)		토지의 가격기준 연도의 m²당 가격이 기재되어 있어 토지 거래 시 땅값의 기준이 된다.	

3장

발로 찾는
'다세대투자'

셜록 홈스의
나침반

부동산투자를 시작하면서 지인들이 붙여준 별명이 있습니다. '탐정 박', 임장(臨場)을 나갈 때마다 헌팅캡을 즐겨 써서 이런 별칭이 붙었습니다. 셜록 홈스가 미제 사건을 풀기 위하여 열심히 돌아다녔다면 필자는 부동산의 입지, 상태, 연식, 가격 그리고 미래를 알아보기 위해 이곳저곳을 돌아다닙니다.

임장을 나갈 때, 필자는 반드시 대중교통을 이용합니다. 사실 운전면허도 없지만 휴대폰 속 네이버 지도와 카메라, 두 발만 있으면 충분

합니다. 임장이란 부동산에 투자하려는 사람이 사전 현장 답사를 나가는 것을 말합니다. 여기에는 탐문도 포함됩니다. 그러나 넓게 보면 단순히 집을 사기 전 부동산 중개인과 함께 집을 가보는 것도 임장 행위라고 할 수 있습니다.

부동산 임장, 즉 현장 답사는 종목에 따라 그 내용을 달리합니다. 주택과 토지 모두 '입지'로 표현되는 접근성을 알아보기 위해 나간다는 점은 같지만, 사람이 사는 집과 아무것도 없는 땅을 답사하는 것에는 차이가 있습니다.

먼저 집을 볼 때는 군집성과 대중교통 이용 여부를 봅니다. 아파트, 다세대 공히 그렇습니다. 혼자만 따로 떨어져 있는 집보다 다른 집과 한데 어우러져 있고, 지하철 및 전철과 버스의 이용이 편리한 집이 더 가치가 있습니다. 아파트든 다세대든 단지를 이루고 있고 철도역, 버스정류장과 가까우면 상가, 학교, 학원, 병원 등 편의시설이 존재하거나 들어설 여지가 커 도시 생활권의 일부로서 가치를 담보할 수 있게 됩니다.

이때 집 인근에 시·군·구청 및 주민센터가 위치해있는가를 알아보는 것도 중요합니다. 이들 공공기관은 대체로 생활환경이 좋고 교통이 편리한 곳에 자리하거나 곧 그렇게 될 곳에 들어서기 마련이어서, 주택의 투자 가치를 판단하는 한 척도가 되고 있습니다.

그다음 보는 것은 집의 쾌적도입니다. 지은 지 얼마 안 되어 쾌적하거나, 반대로 아예 매우 오래된 집을 택합니다. 전자는 쾌적할수록 찾는 사람이 많아 가치가 오르고 후자는 재개발, 재건축 가능성이 높기 때문입니다.

이에 반해 땅에 대한 가치 판단은 한층 더 복합적입니다. 보통 투자 목적 토지는 개발 이전의 원재료 상태이므로, 합리적 상상력이 요구된다고 할 수 있습니다.

우선 '이곳' 주변에는 아무것도 없거나, 있더라도 제한된 지상물밖에 없을 수 있습니다. 많은 시뮬레이션 게임들이 그렇듯, 입지를 파악하는 보다 특별한 능력이 요구됩니다.

토지 답사에서 가장 핵심이 되는 것은 역시 앞에서 언급한 접근성입니다. 땅이 도로를 물고 있는지, 물고 있으면 얼마나 무는지, 도로망은 어떤지, 가까운 곳에 도시가 있는지 여부 등을 따져봅니다. 땅은 일반적으로 도로를 많이 물고 있을수록, 기존 도시와 개발지에서 가까울수록, 또 연결이 쉬울수록 투자 가치가 높습니다.

다음으로 봐야 할 것은 지세입니다. 지세란 땅의 경사도와 모양, 다른 땅들과의 위치관계를 말합니다. 일반적으로 평탄하고 네모에 가깝고 탁 트여 외지지 않은 곳에 있는 땅이 좋습니다. 이런 땅은 개발이 되어도 인근 땅보다 활용 가치가 높아, 경우에 따라 중요 업무지구나 상업지구로 편입될 가능성이 상대적으로 더 높습니다. 반면 아래로 푹 내려앉아 주변보다 낮은 지대의 땅은 값을 덜 받게 되는 까닭에 흙을 얹어주어 가치를 높여주기도 합니다.

그러나 예외적으로, 대규모 개발이 예정되어 있는 곳에서는 자잘한 지세보다는 100% 접근성만이 중요시되기도 합니다.

그 옛날 홈스는 나침반을 가지고 다녔습니다. 요즘 같은 기술이 발달하지 못했던 때에 나침반은 훌륭한 이정표였습니다. 이제 우리는 소액 부동산투자라는 여정에 나서려고 합니다. 부동산투자자에게 소액이란 얼마일까요? 그리고 그에 맞는 부동산투자 종목에는 어떤 것들이 있을까요?

지금 출발하려고 합니다!

다세대란 무엇인가?

이제 보게 될 부동산 중 주요한 소액투자 대상으로서 다세대가 있습니다. 다세대는 다가구와 구별되는데 보통의 사람들은 잘 모르는 경우가 많습니다.

그냥 둘 다 빌라 아닌가라고 생각합니다. 맞습니다. 우리나라에서 빌라라고 하면 다세대와 다가구를 가리킵니다. 다만 다세대는 어떤 빌라동이 있을 때, 가구 호수마다 각각 다른 소유자가 있는 개개의 집을 말합니다. 다가구는 한 동을 한 사람의 소유자가 통째로 갖고 있을 때, 그 건물 전체를 일컫습니다.

다세대는 오랫동안 아파트와 함께 많은 사람들이 이용해온 거주 공간이었습니다. 그리하여 그 규모에 맞는 시장이 항상 존재해왔습니다. 아파트 값이 상대적으로 높게 형성되어 있는 상황에서, 대개 다세대는 그 절반 내지 2/3 정도 가격에 거래가 이루어져 왔습니다. 언론 보도만 보면 국민 모두가 아파트만 말해온 것 같지만, 다세대 거래는 오랜 기간에 걸쳐 꾸준히 이루어져 왔고 오늘도 현재진행형입니다.

한때 어떤 사람들은 다세대는 값이 올라도 크게 오르지 않는다고 했습니다. 아파트에 비하면 가격 오름 폭이 작다고 느꼈을 수 있습니다. 그러나 필자는 지난 많은 통계 자료들을 접하면서, 이런 생각은 단지 오류에 지나지 않는다는 사실을 알게 되었습니다. 얼마 안 오른 것이 아니라 많이 올랐고, 전셋값도 큰 폭으로 올랐다는 사실을 확인할 수 있었습니다.

그럼 왜 이런 인지부조화가 생겨난 걸까요?

앞에서도 살펴보았듯 그것은 부동산의 속성에 대한 근본적 이해가 결여된 까닭이었습니다. 어떤 집도, 심지어 다 쓰러져가는 초가집이라 하더라도 일정 시간이 지나면 집값은 오를 수밖에 없는 원리를 모르고 있었습니다.

만약 사람들이 '대지권'의 개념을 잘 알고 있었더라면 다세대를 건성으로 넘기지는 않았을 것입니다.

최근 한 연립, 다세대 전문 서베이업체 조사에 따르면 서울의 다세대 전세가는 근 4년 동안 57% 상승한 것으로 나타났습니다. 같은 기

발로 찾는 부동산투자법

간 매매가는 17.8% 올랐습니다. 그러나 실제로는 더 많이 오른 것으로 보입니다. 다세대에 투자해야 하는 이유입니다.

다세대 투자의 장점은 크게 세 가지로 나누어볼 수 있습니다.

첫째, 아파트에 비해 작은 돈으로도 투자가 가능하다는 것입니다. 좋은 투자는 투입비용이 작은 투자인데, 다세대는 이것이 가능합니다.

둘째, 상대적으로 자유로운 리모델링이 가능하다는 것입니다. 다세대는 아파트와 달리 1층이나 지하층의 경우에 개조하여 상점, 음식점, 사무실 등으로 전용할 수 있습니다.

최근 서울 연남동, 상수동, 망원동 등지에서 이 같은 전용 사례가 많은데, 모두 다세대를 개조해 수익률을 높이는 방식입니다. 아파트는 1층을 어린이집이나 공부방으로 사용하는 것 외에는 달리 바꿀 수 없지만, 다세대는 보다 다양한 형태로 쓰임새를 선택할 수 있습니다. 투입비용은 적으면서 약간의 리모델링을 거치면 값어치를 크게 높일 수 있으니, 좋은 투자재입니다.

셋째, 재개발에 따른 이익이 크고 재건축이 용이하다는 것입니다. 대지권이 큰 구옥의 경우, 해당 부지에 아파트가 들어서게 되면 그에 준하는 프리미엄이 발생하게 됩니다. 그래서 투자 금액 대비 수익이 엄청난 것입니다. 또한 다세대는 재건축 시 아파트에 비해 의사결정 절차가 간편해, 오래된 건물을 허물고 신축을 지어 올리는 데 유리합니다.

'탈서울'인데
서울에 투자하라고?

언젠가 지인에게 이런 말을 한 적이 있습니다.

"서울은 높은 집값, 전셋값 때문에 인구를 빼앗기면서도 여전히 부동산 가격은 계속 오를 것이다."

이 이야기를 한 배경에는 두 가지 서로 다른 사실들이 있었습니다. 하나는 오랜 불황과 취업난으로 서울의 일자리 창출 기능이 예전만 같지 않다는 것이고, 다른 하나는 그럼에도 불구하고 사람들의 서울에 대한 욕망은 변하지 않았다는 것입니다.

서울의 땅값은 10년 전에 비해 더 올랐지만, 그때와 견주어 제공되는 일자리는 줄어들었습니다. 한 나라의 수도로서 주요 기능인 일자리 제공이 원활하지 않다 보니, 꼭 비싼 값을 치르면서까지 서울에 있어야만 할 이유가 사라졌습니다. 소득이 없거나 적은 사람들이 높은 임대료를 감당할 수는 없습니다.

그리하여 근래 일어나고 있는 현상이 '탈서울'입니다. 순유출 인구는 통계로 확인되고 있습니다. 서울 인구는 1,000만 명 이상에서 990만 명대로 주저앉았습니다. 이것만 놓고 보면 서울 부동산의 미래는 암울해 보이기까지 합니다.

그러나 모든 현상이 하나의 지표만으로 설명된다면 세상은 참 간단

할 것입니다. 인간은 이성적 존재이지만, 한편으로는 어쩔 수 없는 욕망의 동물입니다. 서울 인구가 점차 감소 추세라고 하더라도 서울이 수도로서 지위를 박탈당하거나 도시가 사라지는 일은 없습니다. 대한민국 제1의 핵심 지역으로서 서울을 원하는 잠재적 진입 수요는 늘 풍부하다는 점에 주목해야 할 것입니다.

탈서울은 현실이지만 그래서 오히려 서울 부동산의 가치는 더 상승하리라는 예측을 하게 됩니다.

이런 예측이 가능한 또 다른 이유는 1인 가구 증가와 외국인의 서울 투자, 은퇴 가구의 서울 거주 선호 현상입니다.

1인 가구 증가는 가구의 분화이고, 이는 한 사람당 한 채의 집이 필요해진 상황을 뜻합니다. 그에 따라 이미 원룸 내지 구단위 10평 안팎의 투룸이 대세가 되었고, 그만큼 서울 소형 주택의 희소 가치는 더욱 높아졌습니다.

이것은 소형 아파트는 물론 서울의 소형 다세대도 귀해짐을 의미합니다. 다세대는 아파트보다 상대적으로 저렴한 시장이기에 더욱 그렇습니다. 앞으로 이들에 대한 수요는 끊이지 않을 것으로 보입니다.

중국인을 위시한 외국인의 서울 투자는 중장기적으로는 재개되고 지속될 것입니다. 중국은 그동안 국가가 소유권을 갖고 국민에게는 사용권만 부여하는 방식의 부동산 정책을 펴오면서, 공산당의 대국민 통제력을 유지시켜왔습니다.

그러나 익숙해진 제도일지라도 소유권 취득 문제에 여전히 반발심을 갖고 있는 중산층과 부유층이 많습니다. 이들이 해외로 눈을 돌리면서, 한국에서 처음 주목한 것이 제주도 부동산이었습니다. 그리고 제주 열기는 서울로 북상한 적이 있습니다. 중국인들은 처음에는 마포 지역의 투자에 집중하는 경향이 있었으나, 이제 서울 전역으로 번지고 있는 모양새입니다.

이것 역시 중요한 포인트인데, 과연 은퇴 가구의 다수가 귀농을 원하고 있는가 하는 점입니다. 근년에 실시된 각종 설문 조사들은 이에 관하여 그렇지 않다고 답하고 있습니다.

많은 사람들이 은퇴 후에도 서울에 살기를 원합니다. 편리한 교통, 문화생활을 누릴 수 있는 인프라, 질 높은 병원 서비스 등 대도시에서만 향유할 수 있는 혜택들이 많기 때문입니다. 노년층이 일을 그만두더라도 서울에 살기를 원하는 이유입니다.

마지막으로 서울 부동산에 투자해야 할 또 다른 이유는 서울이 세계 주요 도시 중 한 곳이라는 점입니다. 미국 아칸소는 몰라도 뉴욕을 모르는 사람은 없고 독일과 프랑스의 중소도시는 몰라도 베를린과 파리는 다 압니다.

뉴욕, 시드니 같은 대도시나 적어도 각 나라의 수도는 자국 내는 물론이고 외국인 수요도 독점해오다시피 했습니다. 도시의 인지도는 부동산투자에도 강한 영향력을 끼쳐 왔고, 앞으로도 그럴 수밖에는 없다고 보는 것이 온당할 것입니다.

'에그프라이 이론'은 세계 부동산투자에서 이런 경향을 잘 설명해주고 있습니다. 프라이팬을 이용해 계란 프라이를 만들 때, 달아오를 때는 노른자와 흰자가 함께 뜨거워지지만 식을 때는 흰자부터 식어 가는 현상을 빗댄 말입니다. 투자를 할 때는 중심부에 던져야 합니다.

주지하다시피 런던, 뉴욕, 도쿄, 파리, 홍콩, 싱가포르, 시드니, 베이징, 모스크바 등 세계 각국의 수도 및 주요 도시 부동산들은 호황기에는 무섭게 오르고 불황기에도 내리지 않는 모습을 보여왔습니다.

에그프라이 이론에 따른 현상은 한 도시 안에서도 일어납니다. 같은 뉴욕이어도 중심부와 주변부의 상승 정도는 확연히 다릅니다. 한때 맨해튼과 외곽 지역의 상승률 차이는 7배까지도 벌어진 적이 있습니다.

이제 우리가 왜 서울에, 그중에서도 서울 핵심 지역 부동산에 투자해야 하는지는 보다 명확해졌습니다.

'2030 서울플랜'과 서울 다세대

근년의 서울 부동산 시장에서 가장 핫한 것은 한강변투자입니다. 예전에는 무조건 강남 지역의 투자를 최고로 쳐주었다면, 이젠 자연환경까지도 고려 대상에 넣게 되면서 한강의 가치가 주목받고 있는 것입니다.

그러나 이런 현상이 우리나라에만 국한된 것은 아닙니다. 오히려 때늦은 감이 있습니다. 세계 각국의 소득이 높아짐에 따라 도시를 불문하고 고가 주택일수록 강변에 위치하는 경향이 나타나고 있습니다.

도시 자체가 강과 바다를 끼고 있는 경우가 많고, 고급 주택일수록 수변 지역을 따라 몰려 있습니다. 사람들의 소득이 낮았을 때에는 강과 바다는 다만 공포의 대상이었지만, 현대 자본주의 사회에서 수변 지역은 쾌적한 환경과 여가생활을 즐길 수 있는 부의 척도가 되었습니다.

이 사실을 단적으로 보여주는 것이 조망권과 일조권입니다. 서울의 경우에 한강변인지 아닌지에 따라, 다시 한강이 보이는지 여부에 따라, 보인다면 각도는 어떠한지에 따라 가격이 모두 다릅니다. 동시에 햇볕이 어느 정도로 드는지에 따라 한 번 더 나누어집니다. 한강변투자는 보다 차별화한 투자로서 통하고 있는 것입니다.

하지만 이렇게 된 데에는 서울시의 서울도시기본계획도 한몫을 하고 있습니다. '2030 서울플랜'으로 불리는 제4차 서울도시기본계획이 그것입니다. 국토종합개발계획이 우리나라 전 국토를 대상으로 한 중장기적 개발계획이라면, 서울도시기본계획은 그 서울판이라고 보면 되겠습니다.

2030 서울플랜은 서울을 크게 3도심, 7광역중심, 12지역중심으로 나누고 있습니다.

발로 찾는 부동산투자법

먼저 3도심은 한양도성_{종로구, 중구 일대}, 영등포·여의도, 강남으로 각각 역사문화중심지, 국제금융중심지, 국제업무중심지로서 지위와 기능을 지속적으로 살려나가는 것을 목적으로 합니다.

7광역중심은 용산_{도심권}, 청량리·왕십리_{동북권}, 창동·상계_{동북권}, 상암·수색_{서북권}, 마곡_{서남권}, 가산·대림_{서남권}, 잠실_{동남권}입니다.

12지역중심은 동대문_{도심권}, 망우_{동북권}, 미아_{동북권}, 성수_{동북권}, 신촌_{서북권}, 마포·공덕_{서북권}, 연신내·불광_{서북권}, 목동_{서남권}, 봉천_{서남권}, 사당·이수_{서남권}, 수서·문정_{동남권}, 천호·길동_{동남권}입니다.

이상 제시된 지역들은 모두 각자의 특색을 살리면서도 교통편을 매개로 지역 간 기능을 연계 발전시키는 방향으로 개발될 예정입니다.

특히 서울시는 이중 한강변 관리 기본계획이라는 부수계획을 통해 한강을 끼고 있는 지역들에 대한 특별한 관리 의지를 내보였는데, 다음 지역들이 이에 해당합니다.

강서-난지권, 합정-당산권, 여의도-용산권, 반포-한남권, 압구정-성수권, 잠실-청담-자양권, 암사-광장권입니다.

이들은 향후 서울 부동산투자 지도에서 가장 뜨겁게 부상할 지역들이기에 자금의 여력이 된다면, 필히 선점해야 할 곳들입니다. 여타 지역에 비해 투자 문턱이 상대적으로 높다는 단점은 있지만, 그만큼 최상의 가치를 지니게 될 것입니다.

그런데 2030 서울플랜을 더 들여다보면 언급된 지역들이 꼭 한강변만은 아니라는 것을 알 수 있습니다. 서울시는 모든 자치구에 대한 발전 방향을 갖고 있는 것을 알 수 있고, 이는 설사 외곽에 위치한 지역이라 하더라도 개발에서 소외되는 것이 전혀 아님을 의미합니다. 오히려 이런 곳은 소액투자자의 투자 대상 지역이 될 수 있음을 환기해야 할 것입니다.

이 장에서는 서울 시내에서 소액투자가 가능한 지역 중 몇 곳을 추천하려고 합니다. 이들 지역 안의 다세대는 눈여겨볼 필요가 있습니다.

7광역중심 중에서는 창동, 수색, 대림, 12지역중심 중에서는 망우, 미아, 연신내·불광, 목동, 봉천, 천호·길동입니다. 이 지역들은 특히 문재인 정부가 내세운 도시재생 사업과 어떤 상관관계에 있는지 주목해야 하고, 교통망의 신설 예정 여부도 함께 살펴봐야 할 것입니다. 7광역중심에서는 창동, 수색, 12지역중심에서는 망우, 연신내·불광 지역이 상대적으로 빠른 변화를 보이고 있습니다.

서울 다세대 VS 경기 아파트

서울, 수도권 부동산에 투자하기 위해 매물을 검색하다 보면 종종 그 가격이 비슷하면서도 다르다는 것을 발견하게 됩니다. 지역에 따라 서울과 경기도의 차이가 크고, 서울도 자치구에 따라 천차만별입

발로 찾는 부동산투자법

니다.

흥미로운 점은 물건의 종별 비교입니다. 아파트와 다세대를 놓고 볼 때, 주목했던 것은 서울의 다세대와 경기도 아파트 값이 대체로 비슷한 수준을 보였다는 점입니다. 이 사실은 소액 부동산투자자에게 무엇을 뜻하는 것일까요?

서울은 경기도와 인접하지만 직접 맞닿아 있는 경기 지역들과 비교하더라도 집값이 확연한 차이를 보입니다. 심지어 서울의 오래된 지역 집값이, 경기도의 신도시보다 더 높은 현상도 나타납니다. 왜 인프라가 뒤떨어지는 데도 값은 더 높은 것일까요?

바로 땅값의 차이 때문입니다. 예부터 '사대문 안쪽'은 서울을 뜻하는 말이었습니다. 그러나 일면 서울과 서울 아닌 지역을 구분하려는 의도가 담긴 배타적 표현이기도 했습니다. 〈유배지에서 보낸 편지〉에서 정약용은 아들들에게 어떤 일이 있어도 사대문 밖으로 나가 살아서는 안 된다는 당부를 하기도 했는데, 그만큼 서울 거주가 갖는 의미를 중시했던 것으로 보입니다.

현대에 와 서울이 확장하면서 경기도 권역이었던 곳들이 서울의 외곽 지역으로 편입되었습니다. 그러면서 오늘날 서울의 경계선이 정해졌습니다. 요즘은 경기도, 인천 할 것 없이 두루 좋아져서 예전과 같은 큰 의미는 없습니다. 하지만 그렇더라도 행정구역의 확정이 사람들의 인식에 미친 영향은 컸습니다. 서울에 대한 욕망도 이런 인식 뒤에 생겨난 것이어서, 이 점이 서울과 경기도의 땅값 차이로 이어진 것이 아닌가 합니다.

서울의 다세대와 경기도 아파트 값이 비슷하거나 지역에 따라 전자가 더 높은 것은 이 때문입니다. 예를 들면 구단위 10평 서울 다세대 매매가는 경기 몇몇 지역의 20평대 아파트 가격보다도 높거나 비슷한 상황입니다.

언젠가 서울 마포구의 한 다세대를 매입해 전세를 줄 때, 용인에서 온 한 세입자 분이 "서울은 작은 집도 왜 이리 비싼가요?"라고 했던 말이 기억납니다.

한편 우리는 1~2억 원대의 소액투자 매물을 알아보려고 합니다. 그럼 이에 해당하는 서울 다세대와 경기 아파트 중 어느 쪽을 택하는 것이 좋은 걸까요?

서울 다세대와 경기 아파트에 모두 투자해본 필자는 각각의 장단점을 고려하고도 전자를 더 선호하게 되었습니다. 물론 절대적 기준이라는 건 없어서 어디까지나 개인 취향과 사정에 따라 다를 수 있겠지만, 이 책에서는 서울의 다세대를 더 권하고 싶습니다.

다만 몇 가지 유의해야 할 점이 있습니다.

첫째, 서울 안에서도 핵심 지역이어야 한다는 것입니다. 핵심 지역이란 중요 업무지구 안에 있는 지역을 말합니다. 광화문을 둘러싼 종로구와 중구, 여의도가 속해있는 영등포구 그리고 강남 3구가 해당됩니다.

둘째, 핵심 지역이 아니라면 그에 준하는 배후지여야 한다는 것입

니다. 광화문과 여의도 양쪽 모두에 접근성이 좋은 마포구를 비롯해 서대문구, 은평구, 강서구, 양천구, 성북구 그리고 강남 접근성이 좋은 동작구, 관악구, 중랑구를 가리킵니다.

이 가운데서도 지하철역 반경 450m 안쪽, 버스정류장과 직선거리 150m 안쪽을 가장 권합니다. 교통 여건이 좋은 이런 곳들은 최악의 경우에도 전월세 수요가 풍부해 리스크를 줄일 수 있고, 오히려 매매가 상승을 견인하고는 합니다.

이렇게 이야기를 하면 전통적으로 아파트만 선호해온 사람들은 환금성이라는 사유를 들어 "그래도 경기도의 아파트가 더 나은 것 아닌가?"라고 물을 수도 있습니다. 이 말도 일견 일리는 있습니다. 경기 아파트도 나쁘지 않습니다.

그러나 과거와 달리 서울의 아파트 값이 매우 높은 수준을 보이게 되면서 기왕 대지권과 임대 수요에 투자한다는 생각으로 서울 다세대를 찾는 사람들이 눈에 띄게 늘었습니다. 또 자산가들은 경기도 아파트를 몇 채 갖고 있는 것보다 서울 다가구를 통째로 매입해 리모델링한 뒤, 사업을 하거나 임대하는 경향도 보이고 있습니다.

실제 최근 한 조사에 따르면 서울의 다세대 회전율은 아파트보다 더 높은 것으로 나타나, 서울 소액 부동산투자 시장이 활황에 있음을 입증했습니다.

대지권은
여전히 중요하다

다세대투자에서 가장 중요한 포인트는 대지권입니다. 이런 이야기를 하면 요즘은 신축 여부가 중요하다, 디자인이 관건이다 등등 여러 반론이 나올 수 있습니다. 하지만 필자는 다세대투자에서 여전히 중요한 고려 사항으로 대지권을 꼽는 것을 주저하지 않습니다.

거래에 앞서 대지권이 무엇인지 이해한다면 신축이든, 10년차든, 구옥이든 상관없이 올바르게 투자할 수 있습니다. 대지권이란 과연 무엇이기에 이토록 중요한 걸까요?

대지권이란 어떤 집의 가격을 정함에 있어서 땅값이 차지하는 비중에 관한 권리를 말합니다. 모든 주택의 시세는 땅값과 건물값 그리고 외부 요인들에 의하여 결정되는데, 이중 가장 큰 부분을 차지하는 것이 땅값입니다.

근년의 한국은행 조사에 따르면 우리나라 주택 가격에서 토지 가격이 차지하는 비중은 대략 2/3 정도입니다. 집값이 1억 원이면 많게는 7천만 원이 땅값이라는 것입니다. 그러나 이것은 아파트, 다세대, 다가구, 단독주택 등을 합쳐 평균을 낸 것으로, 보통 아파트에 비해 열등재인 다세대에서 땅값이 차지하는 비중은 이보다 훨씬 더 큽니다. 오래된 집이라면 감가상각에 따른 건물값 하락으로 주택 가격의 90%

발로 찾는 부동산투자법

이상이 땅값인 경우도 있습니다.

대지권은 등기부등본을 떼어보면 알 수 있습니다. 등기부등본은 표제부, 갑구, 을구로 구성되는데 대지권의 비율은 표제부에서 확인할 수 있습니다. 참고로 갑구에는 소유권에 관한 사항, 을구에는 대출 등 채권에 관한 사항이 적혀 있습니다.

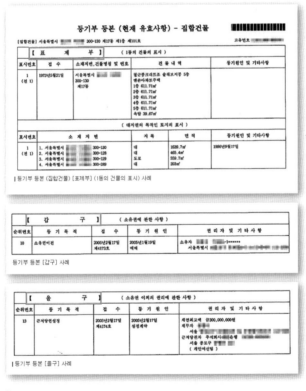

| 등기부등본

먼저 표제부 '건물내역'을 보면 해당 주택의 전용면적이 기록되어 있습니다. 그리고 그 아래를 보면 '대지권비율'이 적혀 있는 것을 알 수 있습니다.

예를 들어 어떤 집이 전용면적이 49.5㎡인데 대지권 비율이 33㎡라면, 구단위 15평인 주택에서 토지의 비중이 10평은 된다는 뜻입니다. 토지에 대한 권리가 주택 전체 권리의 절반을 넘으므로 비교적 양호하다고 할 수 있습니다.

최근 동네 부동산을 들러보면 다세대는 대지권보다 신축인가 아닌가가 더 중요하다는 말들을 듣게 됩니다. 이 말은 임대 시장에서는 맞는 이야기입니다. 누구든 새 집에서 살고 싶은 마음은 같기 때문입니다.

하지만 매매 시장에서는 역시 대지권이 얼마나 되는가를 따져보지 않을 수 없습니다. 다세대가 아파트에 비하여 열등재라면 그런 만큼 토지가 차지하는 비중은 더 엄격히 따져봐야 할 사항이 됩니다.

필자가 아파트뿐 아니라 다세대에도 적극적으로 투자하는 이유는 다세대투자는 곧 땅투자와 같다고 보기 때문입니다. 신축은 물론 구옥을 살 때에도 사용 가치를 떠나 그만큼의 땅에 투자한다고 생각하면 마음이 편해집니다.

그러므로 집의 겉모습만 보고 판단하기보다는 매입 전, 전용면적 대비 대지권이 얼마나 되는지, 그에 근거해 가격은 합리적인지 곰곰이 생각해보고 계약하는 지혜가 필요합니다. 구옥은 수리를 하면 그

발로 찾는 부동산투자법

만이지만 대지권은 임의로 늘릴 수 없는 까닭입니다.

다세대 투자에서 대지권이 갖는 매력은 구옥을 살 때에 건물은 낡아 저렴하게 매입한 반면, 재개발 시에는 대지권만큼의 평수를 아파트의 가치에 준하여 받을 수 있다는 점입니다. 이렇게 되면 같은 크기의 땅이어도 그 가치는 수직 상승하게 됩니다.

아파트 대지권도 비슷한 정도의 수익을 낼 수 있지만, 다세대 대지권은 토지 용도가 아예 변경되는 것이므로 그 수익은 훨씬 더 커지게 됩니다.

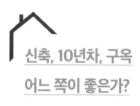

신축, 10년차, 구옥
어느 쪽이 좋은가?

근년에 아파트 가격이 상승하면서 다세대는 대체재로서 큰 주목을 받고 있습니다. 단순한 열등재에서 가성비 좋은 주거 수단으로 인식의 틀이 달라지고 있습니다. 그에 따라 값도 오르는 중입니다.

이런 흐름을 주도한 것이 바로 신축 다세대입니다. 1층 자리에 필로티 구조로 주차장을 만들고, 입구에 승강기를 설치한 다세대를 주변에서 많이 볼 수 있습니다. 말만 빌라지 아파트만큼 편리해 찾는 수요가 많습니다.

그런데 준공 연식 5년을 넘긴 집들은 주차장이나 승강기를 갖추지 못한 경우가 있습니다. 10년차로 가면 주차장은 있어도 승강기는 찾아볼 수 없습니다. 20년 이상 된 구옥은 둘 다 없는 집들이 태반입니다. 그럼 신축, 10년차, 구옥 중 어느 쪽에 투자하는 것이 좋을까요?

답은 "투자자의 계획에 따라 다르다."입니다.

첫째, 입주나 빠른 임대가 목적이라면 신축으로 가야 합니다. 지은지 3년이 채 안 되어 주차장과 승강기를 모두 갖춘 신축 다세대는 매매에 유리하고, 임대 시 가장 높은 값을 받을 수 있습니다. 회전율은 지역에 따라 아파트를 능가하기도 합니다.

다만 요즘 짓는 신축 다세대는 대부분 도시형 생활주택이거나 근린생활시설로서, 대지권의 비율이 작고 담보대출의 한도도 일반 주거용 주택에 비해 떨어진다는 것이 단점입니다. 그러나 시장에서는 신축이라는 메리트 때문에 정작 크게 신경 쓰지 않는 경향도 있습니다.

둘째, 안정성을 원한다면 10년차를 권합니다. 10년이면 강산도 변한다고 하듯, 다세대 시장에서 10년이라는 기간은 주택으로서 충분한 검증을 마쳤다는 뜻과도 같습니다. 10년차 집의 경우에 해당 지역은 거주지로서 이미 안정 단계에 접어들었다고 볼 수 있습니다. 그래서 매매, 임대 시장 모두 큰 변수 없이 안정적입니다. 도배, 바닥, 옵션 등 간단한 내부 손질만으로도 임대 가치를 높일 수 있습니다.

10년차 다세대를 사고팔 때는 누수와 결로 여부 등을 고려할 필요가 있습니다. 특히 필로티 구조로 되어 있는 다세대의 2층은 간혹 이

　　　　　　　　　　　　　　　　발로 찾는 부동산투자법

런 가능성을 안고 있습니다. 대부분의 집은 그렇지 않지만 오랫동안 수리를 하지 않은 집에서 간간이 이런 현상이 발견되고는 합니다.

이런 경우에 매수 측에서는 수리를 요구할 수 있고 매도 측에서는 수리를 해놓고 파는 것이 좋습니다.

셋째, 재개발·재건축에 따른 이익을 내다본다면 단연 구옥에 투자해야 합니다. 재개발은 오래된 다세대를 허물고 아파트를 짓는 것을, 재건축은 신축 다세대를 짓는 것을 말합니다. 이익의 크기 면에선 가장 크다고 할 수 있습니다. 2018년 현재 아파트, 다세대의 재개발·재건축 연한은 30년입니다. 그러므로 1988년도를 전후로 조성된 다세대 밀집 지역을 눈여겨볼 필요가 있습니다.

구옥을 임대할 때에는 반드시 전체를 수리해주어야 합니다. 내부 수리만 잘되어 있으면 구옥도 높은 임대료를 받을 수 있습니다. 오래된 집들이 몰려 있는 지역에서 '올수리'는 가장 좋은 차별화 전략이라고 할 수 있습니다.

만일 실거주 목적이라면 구옥은 생각지 못한 많은 문제를 갖고 있을 수도 있습니다. 일부 구옥에 한하여 앞서 언급한 누수와 결로를 비롯해 보일러 고장, 배관 문제 등 손을 봐야 할 일들이 생길 수 있습니다. 그래서 필자는 구옥의 매매, 임대 시에는 전체 수리를 해주는 것을 원칙으로 삼고 있습니다.

주택 중개수수료

거래내용	거래금액	상한요율	한도액	비고
매매 교환	5,000만 원 미만	1,000분의 6	25만 원	• 주택에 준한 부동산 – 주택의 부속토지 – 주택의 분양권 • 거래금액 – 매매 : 매매 가격(대금) – 교환 : 교환 대상 중 가액이 큰 중개 대상물 가액
	5,000만 원 이상 ~ 2억 원 미만	1,000분의 5	80만 원	
	2억 원 이상 ~ 6억 원 미만	1,000분의 4	없음	
	6억 원 이상	거래금액의 1,000분의 ( ) 이하		거래금액의 1,000분의 9 이하에서 중개의뢰인과 중개업자가 협의해서 결정한다. 단 중개업자는 자기가 요율표에 명시한 상한요율을 초과할 수 없다.
	6억 원 이상 ~ 9억 원 미만	0.5% 이하		
	9억 원 이상	0.9% 이하에서 협의		

임대차 등
(매매교환
이외의
거래)
	5,000만 원 미만	1,000분의 5	20만 원	• 거래금액
				 – 전세 : 전세금(보증금)
				 – 월세(차임이 있는 경우) :
				  보증금＋(월 단위 차임액×100)
				  단 거래금액이 5,000만 원 미만일 경우에는 보증금＋(월 단위 차임액×70)

	5,000만 원 이상 ~1억 원 미만	1,000분의 4	30만 원	
	1억 원 이상 ~ 3억 원 미만	1,000분의 3	없음	
	3억 원 이상	거래금액의 1,000분의 ( ) 이하		거래금액의 1,000분의 8 이하에서 중개의뢰인과 중개업자가 협의해서 결정한다. 단 중개업자는 자기가 요율표에 명시한 상한요율을 초과할 수 없다.
	3억 원 이상 ~ 6억 원 미만	0.4% 이하		
	6억 원 이상	0.8% 이하에서 협의		

주택 외 중개수수료

거래내용	상한요율	중개업소에서 받고자 하는 상한요율	비고
매매 · 교환 임대차 등	거래금액의 1,000분의 9 이내	거래금액의 1,000분의 ( ) 이하	거래금액의 1,000분의 9 이하에서 중개의뢰인과 중개업자가 협의하여 결정한다. 단, 중개업자는 자기가 요율표에 명시한 상향요율을 초과할 수 없다.
2015년부터 적용 개선안(주거용 오피스텔)			
매매 · 교환	0.5% 이하		주거용 오피스텔은 전용면적 85m² 이하로서 전용 입식부엌, 수세식 화장실, 목욕시설을 갖추어야 한다. 단 실제 용도가 업무용인 경우 적용을 배제한다.
임대차 등	0.4% 이하		

중개수수료 한도 = 거래금액 × 상한요율

4장

발로 찾는 GTX
'소형 아파트투자'

소형 아파트,
반드시 이것만은 알고 시작하자

그동안 우리나라 사람들은 부동산으로 아파트를 가장 선호해왔습
니다. 일단 아파트 한 채 정도는 갖고 난 뒤, 뭘 해도 해야 한다는 생각
이 주류를 이루었습니다. 몇 년 전 호기심에서 제주도 호텔 분양권에
관심을 가졌을 때에 만난 한 분양관계자의 말이 아직도 생각납니다.

"아파트 한 채는 그대로 갖고 있으면서, 그 위에서 다른 투자를 하
는 것이 좋습니다."

지난 수년간 아파트의 상황은 그런대로 좋았습니다. 땅, 다세대, 오

피스텔과 비교해 아파트가 보인 가장 큰 장점은 적당한 수익률과 높은 환금성이었습니다. 아파트는 중수익 고회전율의 투자재로 통하여 왔고 앞으로도 그럴 것입니다.

2008년 세계 금융위기 이후에 나타난 새로운 경향은 '크기'입니다. 이때부터 중소형 아파트가 선호되기 시작한 이래, 근년에는 소형 내지 초소형 아파트가 선두를 차지하고 있습니다.

이전 대부분의 사람들이 구단위 40~50평형대를 추구하며 평수를 늘려나가는 것만을 목적으로 해왔다면, 지금은 20~30평대가 일반화한 가운데 10평대는 없어서 못 찾는 시대에 이르렀습니다. 그에 따라 작은 평수 아파트일수록 평당 분양가는 더 높은 기현상이 나타난 지도 오래입니다.

작을수록 시장에서 더 잘나가는 법칙이 굳어진 것입니다. 이것은 1인 가구 증가, 경기 침체로 인한 거금 마련의 어려움 등 사회·경제적 환경이 달라진 데 따른 것입니다. 바야흐로 소형 아파트 전성시대입니다.

현재 우리나라의 소형 아파트단지 중 가장 작은 것은 구단위 8평을 조금 넘는 크기의 서울 잠실 '리센츠'와 역삼동 '아이파크'가 대표적입니다. 원룸 오피스텔 정도 사이즈에 불과하지만 신혼부부와 강남권에 직장을 둔 사람들에게 여전히 인기가 있습니다.

초소형 아파트라고 할 만한 이런 단지들은 생활환경도 골고루 잘 갖추어져 있어, 여느 오피스텔보다 편리합니다. 또 풍부한 임대 수요를 바탕으로 경기 변동에 영향을 받지 않으므로 투자 가치가 높습니다.

문제는 가격입니다. 서울은 가장 저렴하다는 외곽 몇몇 지역은 구 단위 평당 최소 1,500만 원의 시세를 보이고 있습니다. 18평이면 2억 7,000만 원, 22평이면 3억 3,000만 원의 비용이 들어갑니다. 이 때문에 1~2억 원대 소액 부동산투자에 초점을 맞춘 여기서는 다루지 않기로 했습니다. 그러나 가격이 안 맞는다는 것 때문만은 아닙니다. 여기에는 꼭 짚고 가야 할 포인트가 있습니다.

바로 새로운 혁신적 교통망의 구축입니다. 그에 따라 이 장에서는 소액으로 접근 가능하면서 앞으로 큰 수익이 기대되는 소형 아파트단지들을 선별하여 살펴보려고 합니다. 지금 1~2억 원을 투자해 5년 안에 3~4억 원을 만들 수 있다는 예감이 든다면 과감히 뛰어들어도 좋습니다.

GTX A노선
일산 소형 아파트

보통 1~2억 원 정도의 소액으로 서울, 수도권에서 아파트투자를 한다는 건 결코 쉬운 일이 아닙니다. 3~4년 전에는 가능했던 일도 지금은 불가능할 수 있는데, 이는 지가가 완만하게나마 계속 오르고 있기 때문입니다.

소형 아파트투자에 관해 이야기하면서 가장 먼저 일산을 택한 것은 개인적인 경험 탓도 있지만, 다른 신도시 집값에 비해 아직은 상대적으로 저렴한 가격 때문입니다. **일산은 다른 무엇보다도 수도권광역급행철도**GTX**3개 신설 예정 노선 중 유일하게 사업 시행이 확정된 곳으로, 현 초기 단계에서 투자 가치가 높은 지역입니다.**

대체로 그렇듯 일산도 철도 교통의 추가 확충과 함께 발전해왔습니다. 지하철 3호선을 구파발역에서 대화역까지 연장하면서 일산 신도시가 살아난 이래, 근년에 경의선 전철이 문산역까지 뚫리고 공덕역과 용산역이 이어져 경의중앙선으로 거듭나면서 일산 북부권이 크게

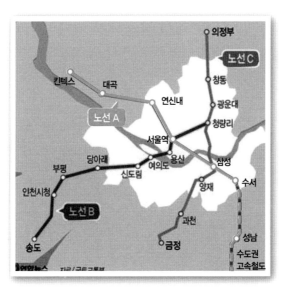

▌ 수도권광역급행철도(GTX) A노선도(일산~수서 46.2km)

성장했습니다. 이때 마두동 북부에 위치한 아파트단지들이 큰 수혜를 입었습니다.

확정된 GTX A노선은 파주 운정-킨텍스-대곡-연신내-서울역-삼성-수서-성남-용인-동탄역까지 잇는 고속철도로, 킨텍스역에서 삼성역까지 22분 만에 주파하는 것으로 되어 있습니다.

2023년 개통 목표인 이 노선의 초기 계획은 킨텍스역에서 삼성역까지였지만, 파주부터 동탄을 잇도록 연장했습니다. 기호와 사정에 따라 파주나 용인, 동탄의 아파트를 택하는 것도 좋을 것입니다.

일산 백마마을 5단지의 추억

경의선과 중앙선이 만나 지금의 경의중앙선 전철이 만들어지기 얼마 전이었습니다. 실거주 목적으로 일산 마두동에 있는 구단위 22평 아파트를 매입했습니다.

일산은 철도에 따라 지하철 3호선 라인과 그 위의 경의중앙선 라인으로 나누어지는데, 당시 필자는 개통한 지 얼마 안 된 경의선을 택했습니다. 서울 접근성 때문이었습니다. 모친이 서울 마포구에 거주 중이었기에 홍대입구역까지 30분 이내에 닿을 수 있는 경의선이 더 필요했습니다.

매입한 백마마을 5단지 쌍용 한성아파트는 이 일대에서는 인기가 좋은 소형 평수 단지입니다. 동네는 조용하고 쾌적합니다. 필자는 경의중앙선 백마역까지의 거리가 가까운 것이 마음에 들었습니다. 역에

발로 찾는 부동산투자법

서 집까지는 약 200m 거리로, 도보로 5분 이내에 닿으므로 굳이 마을버스를 타지 않아도 되었습니다. 또한 역과 단지는 도로를 사이에 두고 있어 공간적으로 분리되어 있습니다.

집과 역 사이의 거리가 가까우면 연결 시간을 줄일 수 있어 목적지까지 가는 데 드는 총 시간을 절약할 수 있습니다. 이런 편리함 때문에 출퇴근 시간의 백마역은 늘 사람이 많습니다.

이곳에 살면서 가졌던 생각은 일산 하면 흔히 3호선을 연상하지만, 사실 서울 접근성만을 본다면 경의중앙선이 탁월하다는 것입니다. 3호선은 서울 진입 시 은평구로 들어가는데, 바로 가지 않고 원당을 돌아가야 합니다. 반면 경의중앙선은 마포구까지 직선으로 뻗어 있어 연결성이 더 낫습니다.

집값은 2년 거주 기간 동안 4,000만 원 정도 올랐고, 집을 팔고 난 뒤 2년간 다시 이만큼 올라 현재는 2억 7천만 원 선에 랭크되어 있습니다. 1억 7~8천만 원 선이었던 가격이 약 5년 만에 1억 원가량 올랐습니다.

이 단지는 소액 부동산투자자에게 적합한 아파트라고 할 수 있습니다. 백마역에서 두 정거장 거리에 GTX A노선과 3호선의 환승역이 될 대곡역이 있어서 앞으로도 시세 상승이 예상됩니다.

일산 소형 아파트 사례

일산은 행정구역에 따라 동구와 서구로 나누어지는데, 1기 신도시 중 녹지 공간을 가장 많이 확보한 지역입니다. 그만큼 쾌적도가 높습니다. 이 점은 그동안 수도권 서북부에 위치해 강남 연결성이 떨어진다는 지적을 받아온 단점을 상쇄할 만큼 큰 장점으로 작용해왔습니다. 근년에는 공항철도의 개통과 함께 급부상한 서울 마포구와 호흡을 같이 하며 지리적 이점을 부각시키고 있습니다.

지난 5년 동안 일산 소형 아파트의 자산 가치는 크게 상승했습니다. 그럼 앞으로는 어떨까요?

필자는 좋을 것으로 봅니다. 다음의 세 가지 이유 때문입니다.

첫째, 근년에 서울의 집값과 전셋값이 크게 오르면서 탈서울 현상이 가속화하고 있습니다. 서울에 머물기를 원하지만 가격 때문에 경기도로 이주하는 인구 중 서울과의 거리와 생활환경을 중시하는 많은 사람들이 일산을 찾고 있습니다.

둘째, 이 가운데 1, 2인 가구의 수가 적지 않습니다. 이런 수요층에게 적합한 일산 소형 아파트는 대출을 전제하고 1~2억 원 정도의 투자로도 접근이 가능합니다.

셋째, GTX A노선의 확정입니다. 고속철도의 확충은 강남 연결성이 혁명적으로 개선되는 것을 의미합니다. 앞으로는 강남권에 직장을 둔 사람들도 거주지로서 일산 소형 아파트를 선호하게 될 것으로 보입니다. 여기서는 동구와 서구로 나누어 몇 곳 단지들을 추천합니다.

일산동구에서는 경의중앙선 백마역 역세권인 백마마을 3단지16~17평와 5단지22평, 백송마을 8단지22평와 9단지24평를 권합니다.

일산서구에서는 강선마을 3단지22평와 10단지18평, 11단지19평, 12단

발로 찾는 부동산투자법

지_{19평}를 권합니다. 지하철 3호선 주엽역 역세권입니다.

이들 단지는 상승장에서는 비교적 가파르게 오르고, 소강장에서도 쉽게 내리지 않은 곳들입니다. 전세 수요가 풍부해 전세가율이 높다는 공통점이 있습니다.

GTX B노선,
부평 소형 아파트

보통 공항을 새로 만들거나 고속철도를 놓는다고 하면 짧게는 5년 길게는 10년 이상도 걸리는 경우가 많습니다. 국책 사업 내지 대규모 민자 사업일수록 따져야 할 것이 많고 절차도 복잡하기 때문입니다.

그러나 기술의 발전은 적어도 착공부터 완공까지 걸리는 시간만큼 은 확연히 줄여주고 있습니다. GTX는 어떨까요?

파주 동탄 간 사업인 A노선의 개통 시기가 2023년입니다. 앞으로 예정되어 있는 B, C노선은 그 이후가 되겠지만, 시간 차가 그리 크지 는 않을 것으로 보입니다. 현재 모든 노선은 2025년까지 구축을 목표 로 하고 있습니다.

GTX B노선은 인천 송도와 경기 마석 구간을 횡으로 잇는 사업입니 다. 인천 송도-인천시청-부평-당아래-신도림-여의도-용산-서울역–청량리–망우–별내–평내호평–마석역까지를 잇습니다. 여기서는 주로 인천 부평과 그 주변 지역을 다루려고 합니다.

인천은 그동안 비약적으로 발전해왔지만 그럼에도 불구하고 집값은 저평가되어 온 측면이 있습니다. 아직도 구단위 평당 1,000만 원 안쪽으로 살 수 있는 소형 아파트가 많습니다. 그동안 역대 정부의 부동산 개발 축이 수도권 동남부 위주로 편중되어 왔다는 비판이 나옴에 따라, **최근에는 인천을 중심으로 한 서부 지역에 대한 관심이 커지고 있습니다. GTX B노선은 바로 이 점을 염두에 둔 개발 사업입니다.**

시각에 따라 다를 수는 있겠지만 필자가 보는 인천의 도심은 부평입니다. 부평에는 부평역과 부평구청역이 있는데 전자는 지하철 1호선과 인천지하철 1호선이 만나고, 후자는 지하철 7호선과 인천지하철 1호선이 만나 각각 연결되는 구조로 되어 있습니다.

그러면서 다시 인천지하철 1호선이 부평역과 부평구청역을 남북으로 이어 주어, 인천 어디에서도 서울 주요부에 쉽게 닿을 수 있도록 하고 있습니다. 이 중심에 부평역이 있는데, 최근 GTX B노선의 정차역으로도 선정되었습니다.

부평역에 직접 가보면 지하상가의 규모와 활발한 분위기에 놀라게 됩니다. 규모는 서울 고속버스터미널 상가를 능가할 정도로 유동인구가 매우 많습니다. 지인 중 한 분이 이곳에서 장사를 오래 해왔는데, 그동안 점포 수를 줄곧 늘려온 것만 봐도 현황을 미루어 알 수 있습니다. 앞으로 GTX B노선까지 뚫리게 되면 이 지역 부동산에 투자한 사람들에게는 큰 호재일 것입니다.

부평 부동산의 황금 라인은 부평구청역에서 부평시장역을 지나 부평역에 이르는 종축이라고 할 수 있습니다. 부평시장역 좌측으로는 아파트단지가, 우측에는 다세대가 있고 부평역 7번 출구 방향으로 나오면 시장로터리를 중심으로 문화의 거리, 테마의 거리 인근에 아파트형 고층 빌라들이 자리하고 있습니다. 이 지역은 아파트는 물론, 다세대 수요도 포화 상태입니다.

부평을 산곡동과 부평동으로 나누어 몇 곳 단지들을 추천합니다. 산곡동에서는 현대아파트 2단지를 눈여겨볼 필요가 있습니다. 구단

▌GTX B노선도(송도~청량리 48.7km)

위 16평에서 25평까지를 권합니다. 부평역에서 버스를 타야 하지만 가까운 거리고 배후 주거지로서 기능을 담당하고 있는 까닭에 탄탄한 수요를 자랑합니다.

또 백마장사거리 인근의 한화아파트 2단지 소형 평수24평를 눈여겨 봐야 합니다. 백마장사거리는 서울지하철 7호선 연장선 '산곡역' 건설이 예정되어 있는 곳으로, GTX 부평역과 함께 투자의 시너지 효과를 내는 지역이 될 것입니다.

부평동에서는 동아아파트 1단지를 권합니다. 22평 매물이 적합합니다. 인천지하철 1호선 부평시장역 초역세권으로 GTX B노선의 직접적 수혜를 입을 것으로 보이는 단지입니다.

GTX C노선,
산본과 의정부 소형 아파트

마지막으로 살펴볼 것은 GTX C노선입니다. 시간의 도도한 흐름은 기술 발전을 뒷심으로 하여 이전에는 생각지도 못한 지역들도 단 몇 십분 만에 닿을 수 있게 해주고 있습니다. 군포시 산본 입장에서는 의정부가, 의정부 입장에서는 산본이 그럴 것입니다.

GTX C노선은 산본 금정−과천−양재−삼성−청량리−광운대−창

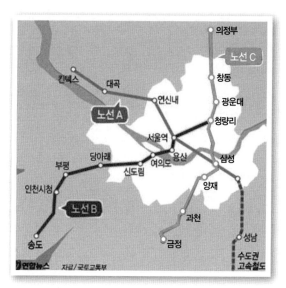

▎ GTX C노선도(의정부~금정 45.8km)

동−의정부역에 이르는 구간 사업입니다. **금정역은 지하철 1호선과 4호선이 만나는 중요한 역이었는데, GTX C노선에 포함됨으로써 그 가치는 더욱 높아지게 되었습니다. 이는 곧 산본 아파트의 미래 가치도 올라감을 뜻하는 것이어서 주목을 끌고 있습니다.**

산본은 그동안 일산과 함께 주로 젊은층이 선호하는 주거지로 인식되어 왔습니다. 실제 산본역 앞에는 카페, 음식점, 상점, 오락실 등 젊은이들을 타깃으로 한 시설들이 많이 들어서 있습니다. 거리는 깨끗하고 아파트단지는 조용하고 쾌적합니다.

산본은 금정동과 산본동으로 나누어 몇 개 단지들을 추천합니다.

금정동에서는 산본역 초역세권 아파트인 충무주공 2단지를 권합니다. 구단위 15평에서 24평까지로 되어 있고, 이 지역에서 가장 교통 여건이 좋은 단지라고 할 수 있습니다.

산본동에서는 산본주공 11단지를 권합니다. 대형 상가가 가깝고 산본시장사거리를 거쳐 금정역으로 나가는 데 유리합니다. 15평부터 21평 사이의 매물이 적당합니다.

GTX C노선에서 또 하나 빼놓을 수 없는 곳이 의정부입니다. 근년에 의정부시는 의정부를 기존 1, 2기 신도시들에 못지않은 훌륭한 도시로 재탄생시키기 위해 많은 노력을 기울여왔습니다. 오래된 도시를 신도시급으로 격상시키려는 노력의 일환으로 의정부 경전철을 시공 운영해오고 있습니다. 광역시도 아닌 시에서 전철을 운행하는 모습은 의정부시의 이 같은 의지를 잘 보여주는 것입니다.

의정부 경전철은 무인열차로, 발곡역에서 탑석역까지 의정부시 전역을 빙 둘러 운행합니다. 타보면 크기는 작은데 알아서 움직여주는 것이 똘똘한 로봇처럼 느껴지기도 합니다. 경전철은 그동안 소외되었던 의정부 동부 지역을 의정부역과 연결함으로써, 시내 어느 곳에서도 서울에 손쉽게 닿을 수 있도록 했습니다.

이런 상황에서 GTX C노선에 의정부역이 포함된 것은 의미가 큽니다. 의정부역은 현재 회룡역과 함께 지하철 1호선과 의정부 경전철이 만나는 주요 역입니다. 앞으로 GTX C노선이 추가된다면 의정부의 두 번째 도약은 시간 문제일 것입니다.

발로 찾는 부동산투자법

의정부에서는 호원동의 신일유토빌아파트[26평]와 한승미메이드아파트[24.5평]를 추천합니다. 소형이라고 하기에는 다소 크지만 회룡역 역세권과 학군을 바탕으로 전통적 인기를 누려온 단지들입니다. GTX C노선이 들어오면 가장 민감하게 반응할 것으로 예상됩니다.

'M-버스' 신설,
4개 노선을 선점하라

흔히 'M-버스'라고 불리는 버스가 있습니다. 2009년 8월부터 운행하고 있는 서울, 경기·인천 지역 간 광역급행버스입니다. 지하철로 치면 일종의 급행열차라고도 할 수 있습니다. 이 급행형 광역버스는 그동안 경기도, 인천에 거주하며 서울로 출퇴근을 하는 직장인들에게 톡톡한 효자 노릇을 해왔습니다.

현재 M-버스는 우등버스에 중간 정차역 수를 줄이고 입석을 허용하지 않는다는 특징 때문에, 이용객들 사이에서 가장 만족도가 높은 버스로 평가받고 있습니다.

국토교통부가 인허가를 담당하고 있는 M-버스는 2017년 9월 인천터미널-역삼역, 평택 지제역-강남역, 청라국제도시-양재꽃시장, 하남 BRT 차고지-청량리역 등 4개 구간을 8차 개통 노선으로 확정했고, 이제 9차 신설 노선의 개통을 앞두고 있습니다.

2018년 상반기 중 개통 예정인 9차 노선은 다음 4개 구간입니다. 고양 원당-서대문역, 남양주 화도읍-잠실역, 수원 권선-잠실역, 수원 호매실-강남역입니다.

먼저 고양 원당-서대문역 노선은 원흥역-연세대 앞-이대입구-충정로-서대문역에 이르는데, 원흥지구 아파트값이 탄력을 받을 것으로 보입니다. 원당은 지하철 3호선이 은평구를 거쳐 서울 도심으로 들어갑니다. 이 노선이 개통되면 광화문 접근성이 좋아지면서 원당의 부동산 가치는 상승할 것으로 보입니다.

남양주 화도읍-잠실역 노선은 월산지구-마석-잠실역에 닿는 구간으로, 서울춘천고속도로를 타게 됩니다. 이 노선의 목적은 남양주의 강남 접근성 개선입니다. 화도읍 종점 인근 및 월산지구, 마석역 주변의 소형 아파트에 관심을 기울일 필요가 있습니다. 화도읍의 아파트 매매가는 구단위 평당 800만 원 선으로, 상대적으로 저평가되어 있는 만큼 투자 가치가 있습니다.

M-버스의 이번 9차 노선계획에서 가장 주목할 만한 지역은 수원입니다. 4개 노선 중 2개를 차지했고, 각각 잠실역과 강남역을 연결함으로써 모두 강남 접근성을 혁명적으로 높이는 방향입니다.

수원 권선-잠실역 노선은 수원터미널-권선·신동·망포지구-망포-잠실역으로 이어지고, 수원 호매실-강남역 노선은 호매실에서 교대역까지 직행한 뒤 바로 강남역에 닿습니다. 이 노선에서는 수원터미

발로 찾는 부동산투자법

널 바로 위에 있는 권선한양아파트17평와 권선성지아파트20평, 권선·신
동·망포지구 및 망포역 일대 소형 아파트에 주목해야 합니다.

그동안 김포, 일산, 인천, 안산, 오산, 경기 광주 등 M-버스가 개통
되거나 운행된 지역들이 그랬듯, M-버스 신설 노선은 철도 개통에
못지않은 아파트값의 상승을 불러 왔습니다.

2018년 4월 이후에 개통 예정인 M-버스의 9차 4개 노선 인근 아파
트를 선점해야 합니다.

평수 쉽게 계산하는 방법

우리 머릿속의 토지나 건물 면적 단위는 평坪이다. 이제는 공식적으로는 평이라는 단위는 쓸 수 없고 신문이나 방송에 아파트 관련 기사가 나올 때마다 익숙지 않은 제곱미터 단위를 쓴다. 122m² 아파트를 계산하려고 하면 "3.3m²정확히는 3.3058m²가 1평이니까 122÷3.3 하면? 36평쯤인 걸 알아낸다.

그런데 의외로 쉬운 계산법이 있다. 제곱미터로 표시된 숫자의 끝자리 수를 잘라 버리고 그냥 3을 곱하면 된다. 원래 평수를 계산할 때는 면적에 0.3025m²를 곱해야 하지만 이렇게 하면 너무 어렵다.

그냥 122m²라면 끝의 2를 잘라낸 12에 3을 곱해 36평이다. 191m²는 19×3=57평, 2,700m²는 270×3=810평 하는 식이다. 178처럼 끝자리가 5 이상이면 반올림 하고 나서 잘라내면 더 정확하다. 즉 18×3=54평 이렇게 계산하면 된다. 이 계산법의 산술적 원리는 3.3으로 나누는 것이, 3을 곱한 후 10으로 나누는 것과 거의 같은 계산이기 때문이다.

※ 이 책에 m²로 표시된 면적들은 모두 전용면적을 의미한다.

도시형 생활주택 용어 정리

도시형 생활주택이란 도시 지역에 300세대 미만, 국민주택규모85㎡에 해당하는 주택으로서 다음에 정하는 주택을 말한다.

원룸형

세대별 주거 전용면적이 12m² 이상 50m² 이하인 주거 형태다. 세대별로 독립된 주거가 가능하도록 욕실과 부엌을 설치하되 욕실을 제외한 부분을 하나의 공간으로 구성해야 한다. 세대를 지하층에 설치하는 것은 금지하고 있다.

단지형 다세대주택

세대당 주거 전용면적 85m² 이하인 주거 형태다. 주거층은 4층 이하, 건축연면적은 660m² 이하로 짓되 건축위원회의 심의를 받으면 주택으로 쓰는 1개 층을 추가하여 5층까지 지을 수 있다. 건축물의 용도는 다세대주택에 해당한다.

단지형 연립주택

연립주택주택으로 쓰이는 1개 동의 바닥 면적이 지하 주차장 면적을 제외한 합계가 660m²를 초과하고, 층수가 4개 층 이하인 주택 중 원룸형주택과 기숙사형주택을 제외한 주택을 말한다. 다만 건축법에 따라 건축위원회의 심의를 받으면 주택으로 쓰는 1개 층을 추가하여 5층까지 지을 수 있다. 건축물의 용도는 다세대주택에 해당한다.

5장

발로 찾는
'소액 땅투자'

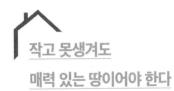

작고 못생겨도
매력 있는 땅이어야 한다

흔히 땅 하면 머릿속에 떠오르는 이미지는 반듯한 모양의 정사각형이나 직사각형입니다. 그래서인지 땅에 투자할 때에도 '보기 좋은 땅이 오르기도 잘 오르지 않을까' 하는 생각을 먼저 갖게 됩니다. 전혀 틀린 말은 아닙니다. 기왕이면 보기 좋은 떡이 먹음직도 합니다. 그런데 막상 먹으려고 한 입 물었을 때 맛이 없다면 어떨까요?

억지로 먹거나 뱉어낼 것입니다. 땅투자에서 가장 핵심이 되는 부분이 여기에 있습니다.

사회생활을 할 때 보통 이런 생각을 자주 합니다. 얼마나 매력이 있는가?

사람도 똑똑하고 잘생기기만 한 사람보다는 매력 있는 사람이 더 인기가 많습니다. 대체로 자존감이 강한 사람들이 매력지수도 높게 나오는데, 유머를 아는 여유가 주변 사람들을 끌어당기곤 합니다. 그럼 땅에 있어서 매력이란 무엇일까요? 어떤 땅이 투자자의 관심과 주의를 끄는 걸까요?

빤한 이야기 같지만 답은 돈을 벌게 해주는 땅입니다. 돈을 벌게 해주는 땅, 이것이 매력 있는 땅입니다. 달리 말하면 개발이 가능하면서 적어도 수년 안에 개발이 예정되어 있는 땅입니다.

땅의 현장 답사는 토지의 위치와 상태를 확인하는 것으로 요약됩니다. 땅의 모양보다는 위치와 상태의 연계성에 집중하는 것이 관건입니다. 이를 위해 기능적인 면_{현황}과 행정적인 면_{서류상 규제 사항}을 대조하는 과정을 거칩니다.

실수요 목적으로 땅을 매수하는 경우라면 접근성과 더불어 토지의 모양에도 신경 쓸 필요가 있겠지만, 투자 목적으로 움직이는 경우에는 땅의 생김새보다는 접근성에 사활을 걸어야 합니다. 높은 접근성은 개발의 진행 시기를 앞당기는 효과를 내기 때문입니다. 개발 시기가 단축된다는 것은 투자기간이 단축되는 것과 같습니다.

그러므로 우리는 땅을 볼 때 첫째, 이 땅이 개발이 가능한가를 알아봐야 하고 둘째, 앞으로 개발이 될 단서가 조금이라도 있는가를 살펴봐야 합니다. 땅투자에서 개발은 곧 시작과 끝이기 때문입니다.

개발에는 큰 개발과 작은 개발이 있습니다. 전자는 공항, 항만, 고속도로, 철도, 공장, 신도시 등을 건설하는 국책 사업과 대규모의 민자 사업입니다.

후자는 지방자치단체에서 편의시설, 공원, 도로를 만드는 것부터 개인이 카페, 음식점, 집 등을 건축하는 일까지 해당됩니다.

땅은 어떻게 이용할 수 있고 이용하는가에 따라 그 가치가 달라지므로, 이왕이면 큰 개발의 용도로 쓰일 수 있는 토지에 투자해야 이익도 클 것입니다. 즉 크기와 모양보다 더 중요한 것이 개발의 여부와 그 내용입니다.

만일 어떤 땅이 협소하고 삼각형이나 자루 모양처럼 생겼어도 가까운 시일 안에 그 땅이 속한 일대의 토지가 신도시로 개발되거나 인근에 개발이 예정되어 있다면, 그렇지 않은 지역의 크고 반듯한 모양을 한 땅보다 투자 가치는 훨씬 더 높습니다.

개발이 되는 지역의 토지는 작고 못생겨도 빛을 발한다는 것입니다. 보통 이런 땅들은 개발 시 단일 필지만 필요로 하기보다는 일대의 많은 필지들을 한꺼번에 활용하게 되므로, 크기와 모양은 무의미해지고는 합니다.

산 좋고 물 좋은 곳의 크고 잘생긴 땅, 대개 이런 땅은 개발이 되지 않고 전원주택이나 별장 용도로만 쓰이기 마련입니다. 그래서 소액으로 큰 이익을 남기기 위한 토지로는 적합하지 않습니다. 비록 작고 못

발로 찾는 부동산투자법

생긴 땅일지라도 개발이 가능한 땅 위주로 찾아야 합니다.

아울러 땅투자는 목적이 분명해야 합니다. 땅의 매력은 목적과 연결됩니다. 단순히 "쓸 만한 땅을 찾는다."거나 "좋은 땅 좀 찾는다."가 아니라, "이러이러한 목적에서 필요한 땅을 찾고 있는데 꼭 맞는 땅을 보여달라."가 되어야 합니다.

집을 지을 생각이면 정사각형이 좋습니다. 카페, 음식점, 상점 등을 낸다면 도로를 많이 물고 있는 직사각형의 땅이 좋습니다. 그러나 돈을 벌기 위한 투자만이 목적이라면 땅의 모양보다는 개발 가능성을 최우선시해야 합니다.

땅값의 '삼승 법칙'

개발 호재가 있는 지역의 땅값은 세 번에 걸쳐 크게 오르는데, 값이 3회 상승한다 하여 흔히 '삼승 법칙'이라고 합니다. 이것은 개발의 '발표, 착공, 완공'이라는 3단계를 거치며 땅값이 계단식으로 수직 상승하는 현상을 말합니다.

모든 개발은 발표만 해도 땅값을 들썩이게 합니다. 국책 사업일수록 더욱 그렇습니다. 본격적으로 개발에 들어가는 단계인 착공에 이르면 땅값은 발표 때보다 더 큰 폭으로 오릅니다.

그리하여 투자의 고수들은 발표 전에 땅을 매입하여 완공까지 기다리지 않고, 2단계인 착공 이후에 매도하는 전략을 구사하고는 합니다. 완공 단계까지 가 더 큰 이익을 낼 수도 있겠지만 다음 투자자의 이익분까지 고려하여, 환금성을 높이는 차원에서 이렇게 하는 것입니다.

땅값 상승의 패턴을 보면 집값과는 매우 다른 것을 알 수 있습니다. **집값이 시간의 흐름에 따라 완만한 직선을 그리며 상승한다면, 땅값은 계단 모양으로 상승합니다. 즉 한동안 오르지 않고 있다가 개발의 발표, 착공, 완공에 따라 갑자기 수직 상승하는 것이 일반적입니다.** 그래서 기하학적으로 집값은 일차함수에, 땅값은 가우스함수에 빗대어 설명하기도 합니다.

일차함수는 연속적이어서 예측 가능한 범위 안에 있지만, 가우스함수는 끊어지고 나타나기를 반복합니다. 이런 특징 때문에 땅투자를 '로또'에 비유하는지도 모릅니다.

그러나 필자는 로또 복권이 숫자를 쓰는 1% 외 99%가 운에 달렸다면 땅투자는 투자자 본인의 노력이 50%는 된다고 봅니다. 개인이 모든 개발을 알 수는 없지만, 적어도 땅을 보는 안목과 감각을 기르고 투자의 기간을 늘린다면 그 확률을 높일 수는 있습니다. 같은 조건에서 소액으로 하는 투자라면 확률은 더 높아질 것입니다.

발로 찾는 부동산투자법

땅투자,
반드시 이것만은 알고 시작하자

보통 땅투자자들은 토지에 관한 기본적 사항들 이를테면 지목, 용도 지역, 도로접 여부 정도는 직접 알고 챙기는 경우가 많습니다. 부동산투자는 피땀 어려 일군 자산을 던지는 일입니다. 본인이 그에 관한 지식이 없으면 누구도 대신 챙겨줄 수 없는 것이 부동산, 그중에서도 토지에 대한 투자이기 때문입니다. 그래서 여기서는 땅투자 시 반드시 알고 가야 할 사항들에 대해 점검해보려고 합니다.

'6장 발로 찾는 소액 경매'에서 좀 더 자세히 짚어보겠지만 일반적으로 투자 효과가 가장 큰 땅은 지목에 따라 대략 대지, 농지전·답, 임야 등입니다. 그리고 용도 지역에 따라 주거 지역, 계획관리 지역, 자연녹지 지역 등으로 나누어볼 수 있습니다.

지목에 따라, 대지는 지금 바로 건물을 지어 올려도 무방한 땅을 말합니다. 값은 높은 편입니다.

농지 중 전은 밭입니다. 농지법에 따라 관리되어야 하므로 농사를 지어야 하고 건축 허가를 받아 건축할 수 있습니다. 농지 중 답은 논입니다. 역시 농지법의 적용을 받고 허가를 받아 건축할 수 있습니다.

임야는 산입니다. 현황상 구릉이거나 평지인 경우도 있습니다. 값은 가장 낮습니다.

용도 지역에 따라, 주거 지역은 이미 시가지가 형성되어 있거나 시가화가 진행 중인 곳을 말합니다.

계획관리 지역은 앞으로 개발이 될 가능성이 높은 곳입니다. 향후 개발을 염두에 두고 관리해나가고 있는 지역이라고 할 수 있습니다.

자연녹지 지역은 일정 정도 보전의 필요성은 있지만 개발 시 역시 이용될 수 있는 땅입니다.

위에 언급한 세 가지 지목과 세 가지 용도 지역은 서로 중복되어 나타납니다. 예를 들어 어떤 땅이 있으면, "이 땅의 지목은 전이고 용도 지역은 계획관리 지역이다."라고 표현합니다. 그 밖에 잡종지, 목장용지 등 더 많은 지목과 생산관리 지역, 보전관리 지역 등 더 많은 용도 지역이 있습니다.

도로접은 땅이 도로에 접해있는가 하는 것입니다. 건축법상 건축이 용이하려면 땅은 도로에 2m 이상 접해있어야 하고 도로의 폭은 4m 이상이어야 합니다. 하지만 이 조건을 만족하지 않더라도 관련법은 몇몇 예외 조항을 두고 있는데, 그에 해당이 되면 건축 허가는 날 수 있습니다. 반면 아예 도로에 접해있지 않은 땅은 건축이 불가하므로 유념해야 합니다. 흔히 맹지라고 불리는 땅입니다.

맹지의 개발에 관해서는 구거를 활용하는 방법 등 투자법이 존재하나, 초보자들이 접근하기에는 다소 무리이므로 여기서는 다루지 않겠습니다.

끝으로 땅은 아파트, 다세대 등에 비해 일반적으로 환금성이 떨어지므로 팔 것을 염두에 두고 사야 합니다. 부동산, 그중에서도 토지는 사기는 쉬워도 팔기는 여의치 않은 경우가 많습니다. 대부분이 투자 목적의 가수요이기 때문입니다.

땅은 투자 바람이 불면 환금성이 유지되나, 시장이 죽으면 언제 그 랬냐는 듯 잠잠해집니다. 이 점 때문에 필자는 늘 땅은 여윳돈으로 투 자해야 한다고 강조합니다. 땅을 팔아 급전을 마련한다는 것은 원숭 이가 나무에서 떨어지는 것보다 어려울 수 있습니다.

그러므로 땅에 투자할 때에는 항상 팔 것을 먼저 생각해야 합니다. 매도에 유리한 토지를 고르는 감각이 필요합니다.

지방 땅 현장 답사 시 포인트

소액 땅투자라고 하면 지방 땅에 대한 투자를 말합니다. 지방은 강 원도와 삼남지방_{충청, 전라, 경상도} 그리고 제주도를 가리킵니다. 많은 사람 들이 수도권 땅에 투자하기를 원하지만 이미 높은 시세를 형성하고 있는 탓에, 1~2억 원대 내지 1억 원 미만의 소액으로는 접근하기에 무리가 있습니다.

이 점이 반영되어 근년에는 수도권과 가까운 충청도 땅과 핫이슈로

급부상한 제주도 땅에 대한 투자가 활발히 이루어지고 있습니다.

이들 지역 토지는 수도권에 비해 아직은 저평가되어 있다는 장점 때문에 소액투자자에게 적합합니다. 지역 균형발전을 명분으로 한 최근의 지방 개발 바람은 꼭 소액이 아니더라도 지방 토지에 대한 관심을 불러일으키고 있습니다.

대표적으로 혁신도시 개발 사업의 진척은 지방 땅투자를 선택이 아닌 트렌드로 바꾸어놓았습니다. 현재 부산, 대구, 광주·전남, 울산, 강원, 충남, 충북, 전북, 경북, 경남, 제주 전역에 주요 공공기관이 입주했거나 입주 준비 중입니다. 또한 이와 연계된 크고 작은 사업들이 추진 중입니다.

2014년 9월 한국가스공사가 대구로 이전하고, 같은 해 12월 한국전력공사가 전남 나주로 옮겨감에 따라 지방 땅 어느 한 곳도 투자 목록에서 배제할 수 없음을 깨닫게 되었습니다. 이제 지방 땅투자는 대세가 되었습니다.

땅을 보러 지방을 가게 되면 꼭 챙겨 가는 것들이 있습니다. 해당 지역을 담은 지도와 카메라 그리고 '토지이용계획확인원'입니다. 이 세 가지와 열정만 있으면, 보려고 하는 땅의 프로필과 현황을 파악하고 미래 가치도 조심스럽게 점쳐볼 수 있습니다.

이중 가장 중요한 것은 토지이용계획확인원입니다. 현장을 답사하기 전에 미리 집에서 떼어볼 수 있는 서류로, 땅의 프로필이라고 할 수 있습니다. 이 서류는 온라인상의 〈토지이용규제정보서비스www.

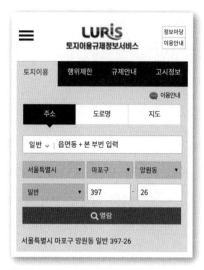

토지이용계획확인원, 열람, 발급

luris.kr〉에 들어가면 열람, 발급이 가능합니다.

여기에서는 토지의 소재지, 지목, 면적, 개별공시지가, 지역지구등 지정 여부, 확인도면, 지역지구등 안에서의 행위제한 내용 등 땅에 관한 기본 사항과 공법상의 규제정보를 제공합니다.

땅은 아무 땅이나 개발할 수 있는 것이 아니어서 임장 전 반드시 토지이용계획확인원을 통해 해당 토지의 개발 가능 여부를 알 수 있는 규제정보를 체크해야 합니다. 그런 점에서 토지이용계획확인원을 살펴보는 것은 현장 답사 시의 사전 조사에서 1차 행위라고 할 수 있습니다.

서류 검토가 끝나면 땅이 소재한 지역의 관할 행정기관시·군·구청 및 읍 · 면사무소 건축과에 전화하여, 보려고 하는 땅이 건축 가능한 토지인지 여부를 확인합니다. 건축이 가능하다는 것은 땅이 도로를 정상적으로 물고 있다는 뜻입니다. 이렇게 사전 조사에서 2차 행위를 마쳤으면 이제는 현장으로 직접 가보는 일만 남았습니다.

현장에 임하여 해야 할 일은 현황을 살펴보는 것입니다. 실제 모습이 서류와 같은지, 다르면 무엇이 어떻게 다른지 점검하고 매입 전 해야 할 일들을 챙겨봅니다. **행위제한과 관계된 사항은 서류가 대부분 말해주고 있습니다. 그래서 직접 가서 알아봐야 할 것은 근거리에 도시가 있는지, 차는 얼마나 다니는지, 앞으로 어떤 호재가 있는지 등일 것입니다.**

좋은 땅은 접근성이 뛰어난 땅입니다. 접근성의 핵심은 도로입니다. 시골 땅이라 하더라도 기존 도시에서 너무 멀리 떨어져 있거나 토지까지 이르는 길이 비포장 상태라면 재고해봐야 합니다.

필자는 대체로 도시에서 가까우면서 자동차로 쉽게 접근이 가능한 계획관리 지역 안의 '자연취락지구'를 선호합니다. 이런 입지의 토지는 대개 현황상으로나 공법상으로나 개발이 유력시되는 땅입니다.

왜냐하면 계획관리 지역은 본래 국가가 추가 개발을 염두에 두고 지정해놓은 것인데, 이중에서도 지구 단위의 자연취락지구는 건축 가능 면적이 넓어 개발 압력이 들어오면, 가장 먼저 민감하게 반응하는 속성을 갖고 있기 때문입니다.

그러나 다른 무엇보다도 우선하는 것은 호재 여부입니다. 현재는 비록 낙후되어 있더라도 앞날에 실제로 개발계획이 잡혀 있는지를 알아봐야 합니다. 이를 위해 시·군·구청 및 읍·면사무소를 찾아 담당 공무원에게 질문할 수 있습니다. 미리 약속을 잡고 방문하면 성실히 답변해줄 것입니다.

현장 답사 시 땅 인근에 급수 시설이 갖추어져 있는지를 체크하는 것도 매우 중요합니다. 집을 짓기 위해 땅을 사는 경우라면 상수도를 고려하지 않을 수 없기 때문입니다. 시골에서는 땅에 물을 댈 수 없어 건축에 어려움을 겪는 사례가 종종 있습니다. 이때는 물길을 멀리서 끌어와야만 하는데, 비용이 만만치 않게 들다 보니 배보다 배꼽이 더 커지는 일이 발생할 수도 있습니다. 꼭 챙겨야 할 부분입니다.

이 장에서는 지방 땅투자의 두 가지 사례로, 제주도와 강원도 땅을 다루어보려고 합니다.

아직 제주 부동산은 사춘기

제주를 방문하면 버스를 잘 타곤 합니다. 좋아서 타는 것이지만 운전을 할 줄 모르는 탓도 있습니다. 여태 면허 하나 따놓지 않고 뭐했느냐고 한다면 나름의 트라우마 때문인지도 모르겠습니다.

부친이 오래전 교통사고로 작고한 까닭입니다. 살면서 굳이 의식은 하지 않았지만 무의식중에라도 차는 늘 조심해야 한다는 관념이 있었는지 모릅니다. 아니면 단순히 지난날의 게으름에 대한 변명일 수도 있습니다.

어떻든 제주 버스는 이와 상관없이 늘 좋아하는 교통수단입니다. 버스를 타서 좋은 점은 한두 가지가 아닙니다. 버스들은 일주도로를 따라 가고, 평화로나 일명 5.16도로로 불리는 꼬불 도로 위를 달리기도 합니다. 일주도로를 운행할 때는 시골 마을의 구석까지 들어가 사람과 집, 가게, 나무, 바다의 모습을 보여줍니다.

2017년 8월부터는 동서로 각각 대천동환승센터와 동광환승센터가 생겨, 관광지 순환버스 안에서 중산간의 비경을 구경할 수 있게 되었습니다.

제주공항에 처음 도착하면 동쪽으로 갈까 서쪽으로 갈까부터 고민하게 됩니다. 어디로 가든 결국 이틀간 반 바퀴씩 돌게 되는 건 마찬가지지만, 미리 서로 다른 풍경을 그려보는 것입니다. 아직까지는 동쪽을 더 좋아하는 것 같습니다. 아니면 평화로를 거쳐 바로 서귀포시로 내려가 버려도 좋습니다. 서귀포시는 제주에 살고 싶다는 생각을 갖게 해준 곳입니다.

필자는 서울 출신이지만 어린 시절의 서울은 아직 마을이라는 게 있고 자연도 그런대로 잘 보존되어 있는 곳이었습니다. 잠자리와 장수풍뎅이를 잡고 놀았으니, 그야말로 서울 촌놈입니다. 이런 기억들 때

발로 찾는 부동산투자법

문인지 아직도 비슷한 공간에 대한 로망이 남아 있습니다.

꽤 자주 들러 지켜본 서귀포시는 있을 것은 다 있으면서도 아기자기한 것들로 가득한 도시입니다. 잔잔한 바다의 품에 안기어 더 따뜻한 곳입니다. 걷다가 배가 고프면 구시외버스터미널 뒤편의 삼공오공 백반집을 추천합니다. 제주는 투자 이전에 사람이 살고 싶은 곳입니다.

근년에 대한민국에서 가장 뜨거운 투자 시장이라고 한다면 제주의 부동산 시장일 것입니다. 그런데 문제는 열기가 한두 해로써 끝나지 않을 것이라는 데 있습니다. 부동산투자에도 유행이라는 것은 있습니다.

예를 들면 15년 전에는 신촌이 떴지만 지금은 홍대가 뜨는 바람에 신촌의 명성이 일정 부분 가려진 측면이 있고, 비슷한 시기 신사동 가로수길이 뜨면서 압구정 상권이 타격을 입은 사례도 있습니다. 그런가 하면 급부상한 홍대는 연남동에서 상수동으로, 다시 망원동으로 열기를 퍼뜨리고 있는 중입니다. 사람들은 후자를 가리켜 젠트리피케이션이라고도 합니다.

제주는 어떨까요? 제주는 몇 가지 전례 중 어떤 길을 가게 될까요? 아니면 새로운 길을 걸어가게 될까요?

제주 토지에 투자하고 있는 필자로서는 다른 어떤 것보다도 큰 관심사가 아닐 수 없습니다. 토지를 기준으로 할 때, **제주 부동산에 대한 필자의 관점은 제주는 유행이 아니라는 것입니다. 어느 순간 뜨고 지는 것이 아니고, 빗대자면 이제 막 성장통을 앓기 시작한 사춘기 소년**

이라고 할 수 있습니다.

그러면 사람들은 묻습니다. "그렇더라도 이미 많이 오른 것 아닌가."라고 말입니다.

사실 많이 오른 것은 맞습니다. 그러나 구단위 평당 1,000~1,500만 원 하던 것이 2,000~3,000만 원이 된 것과 30~70만 원이던 것이 300~500만 원이 된 것은 엄연히 다른 이야기입니다.

서울과 수도권 경우에 집값의 변화가 전자와 같다고 본다면, 지난 3년간 제주 땅이 겪어온 변화는 후자와 같습니다. 만일 어떤 투자자의 가용 자금이 평당 1,000만 원이라면 서울은 그 배 이상이어서 아예 진입이 불가능하지만, 비율로 보면 훨씬 더 많이 오른 제주에는 여전히 들어갈 수 있습니다. 현 상황은 이와 같습니다.

투자자는 과거를 보면 안 된다는 말이 있습니다. 불과 2~3년 전만 해도 100만 원도 안 되는 값에 산 사람도 있는데, 내가 지금 300만 원을 주고 사면 왠지 억울한 느낌이 들 수 있습니다.

그렇지만 제주 토지는 오늘 300만 원을 주고 산 땅이 2~3년 뒤에 500~600만 원이 되고, 5년 뒤에는 700~800만 원도 될 수 있다고 생각해야 할 것입니다.

한참 성장통을 앓는 소년이 건장한 청년으로 자라나는 것은 단지 시간 문제에 지나지 않기 때문입니다. 제주는 사람으로 치면 사춘기로서 무한한 성장 가능성을 갖고 있습니다.

역발상으로 하는
제주 소액 땅투자

그동안 제주를 수차례 다니며 귀한 시간들을 가져 왔지만, 믿을 만한 한 중개업소 사장님을 알게 된 것은 적잖은 도움이 되고 있습니다. 본래는 제주 말로 육지 사람인데 제주 붐이 일기 전부터 정착해 신용을 생명처럼 알고 지내온 분입니다. 제주에는 지인조차 없는 필자로서는 좋은 분과 인연을 맺게 되었으니, 이것도 큰 복이라는 생각이 듭니다.

앞서 다루었듯 제주 토지의 현 시세는 대체로 구단위 평당 최소 100만 원 이상부터 500만 원대 안쪽까지 다양하게 형성되어 있습니다. 유명세를 치른 월정리는 카페촌이 들어서면서 한때 1,000만 원 이상을 호가하기도 했지만 1,400만 원을 부른 거래는 성사되지 않았습니다.

우리는 소액으로 투자할 수 있는 땅을 찾고 있습니다. 그러면 소액이란 얼마 만큼을 가리킬까요?

만일 비교적 저렴하게 나온 어떤 땅이 평당 100만 원이라면 100평이면 1억 원입니다. 대출을 받으면 7천만 원은 있어야 살 수 있습니다.

그럼 이런 땅은 어디에 있는 걸까요?

2015년 말에 제주 제2공항을 건설한다는 발표가 나기 전까지만 해도 동부 지역의 땅은 평당 100만 원 미만에도 구할 수 있었습니다. 그러나 지금은 신공항이 들어설 성산읍이 급등한 것을 시작으로 북쪽으로는 구좌읍, 남쪽으로는 표선면까지 다 같이 상승 중인 형국입니다.

원래는 정부가 신공항을 서부 지역인 대정읍에 건설한다는 소문이 돌면서 연예인과 투자자들이 서부 지역의 땅을 많이 사들였습니다. 그리하여 서부가 동부보다 더 비싸게 형성되어 있었지만, 이제는 역전이 됐거나 되고 있는 추세입니다. 100만 원 미만의 싼 땅은 맹지를 제외하고는 어디서도 찾아보기 힘들게 되었습니다.

150~250만 원대에서 알아본다면 대정읍, 한경면, 한림읍의 일부 마을에 매물이 나와 있는 것으로 확인됩니다. 안덕면은 한때 상대적으로 저렴한 매물들도 있었지만 외국인 투자세가 붙으면서 값이 진즉 올랐습니다.

대체로 해안가에 위치한 땅이 가장 비싸고 한라산 중산간으로 갈수록 값이 싸지는 것은 공통된 현상입니다. 이는 외지인의 해안가 투자를 선호하는 경향이 반영된 것으로, 본래 현지 주민들은 바닷바람을 피하기 위해 중산간 쪽에 사는 것을 더 좋아한다고 합니다. **그렇다면 발상을 바꾸어 중산간 토지를 알아보는 것도 좋은 방법입니다. 너무 깊숙이 들어가지만 않는다면 거래는 이루어지고 있습니다.**

중산간 땅은 동부에서는 대천동환승센터를, 서부에서는 동광환승센터를 중심으로 생각하는 것이 합리적입니다. 역발상으로 전자는 센터에서 한라산 쪽으로 3km, 후자는 2km 안쪽이면서 자동차 연결성이 좋은 곳을 택해야 합니다. 가격은 동부가 저평가되어 있습니다.

제주 토지투자에서 또 다른 주목할 만한 것은, 폐창고 매입입니다.
제주에는 마을마다 쓰지 않고 버려둔 창고들이 제법 있습니다. 대부분 오랜 기간 방치되어 흉물로 남아 있는 경우가 많습니다. 이런 물건들이 간간이 시장에 풀리면 일반 주택보다 훨씬 저렴한 가격에 나옵니다.

폐창고를 헐값에 사들여 리모델링을 하면 근린생활시설 등 보다 가치 있는 용도로 사용할 수 있습니다. 지목은 창고용지인데 현황은 사업장이 되는 것입니다.

필자가 땅을 사면서 알게 된 서귀포시 남원읍의 한 카페 사장님은 2015년 여름, 아무도 쳐다보지 않는 폐창고를 염가에 사들이더니 개조 작업을 거쳐 훌륭한 카페로 재탄생시켰습니다. 당시 2천만 원을 주고 산 창고는 현재 2억 원을 호가하고 있습니다.

또 제주도에는 오래된 농가주택 중 미등기 가옥이 종종 있습니다.
어떤 사유로 등기가 되지 않은 채 그대로 남아 있는 집들인데, 등기를 할 수 없는 것이 아니라 아직 등기가 안 된 것일 뿐인 물건이 있습니다. 이런 물건은 사람들이 기피하므로 경매로 매우 싸게 매입할 수 있습니다.

이때는 미등기 건축물대장 정리를 통해 현황상 소유자 명의로 보존등기를 한 뒤, 매수인 앞으로 소유권 이전 등기를 하면 됩니다. 하지만 법률적 절차가 번거롭다면 철거를 할 수도 있습니다. 이런 주택은 노후 정도가 심하여 철거 승인을 받는 절차가 더 간단하기 때문입니다.

미등기 가옥은 주로 중산간 쪽에서 발견되고 있습니다. 등기 제도가 최초로 시행되던 일제 강점기 무렵, 소유자의 불찰로 인한 미등기가 그대로 남아 있는 경우가 많습니다. 미등기 가옥은 오히려 이 점 때문에 경매 시장에서 기피 대상이 되어 거꾸로 큰 수익을 낼 수 있다는 사실을 알아둘 필요가 있습니다.

제주 땅투자 시 유의 사항

그러면 제주 땅투자 시 유의 사항은 무엇이 있을까요?

제주도는 언제부턴가 특별한 이름으로 불리기 시작했습니다. 제주특별자치도라는 명칭입니다. **제주도는 2006년 특별자치도 출범 이후, 말 그대로 특별한 자치가 요구되는 지역으로 분류되어 그에 맞게 제정된 특별법의 구속을 받게 되었습니다. 바로 이 점 때문에 토지에 관한 특별한 규제 사항들이 생겨났습니다.**

그렇다고 해서 복잡한 것은 아니므로 꼭 알아야 할 것들 위주로 살펴보려고 합니다. 아래 사항은 토지이용계획확인원에서 확인할 수 있습니다.

먼저 '경관보전지구' 등급이라는 것이 있습니다. 1등급부터 5등급까지 있는데, 5등급 쪽으로 갈수록 개발이 쉽고 1등급은 개발이 불가합니다. 4~5등급 토지를 권합니다.

다음으로 '생태계보전지구' 등급이 있습니다. 1등급에서 5등급까지 있고 4등급이 4-1, 4-2등급으로 나뉘어 있는 게 특징입니다. 역시 뒤로 갈수록 개발이 쉬우므로 4~5등급을 권합니다.

끝으로 '지하수자원보전지구' 등급입니다. 1등급부터 4등급까지 있습니다. 4등급을 권하며 1~2등급은 피해야 합니다.

한편 문화재보존영향 검토대상구역이라는 것이 있는데, 타 지역과는 달리 제주에서는 흔히 볼 수 있는 것으로서 문제가 되지 않습니다. 다만 문화재보호구역은 피해야 합니다.

그 밖에 공법상의 내용은 아니지만 필히 알아두어야 할 것이 상수도의 존재 여부입니다. 제주도는 화산섬이어서 물이 귀합니다. 그리하여 서류상으로는 아무 문제가 없어 보이는 땅도 정작 물을 댈 수 없어 고생하는 경우가 많습니다. 집을 짓기 위해 땅을 사는 경우라면 주변에 상수도 시설이 갖추어져 있는지, 만약 안 되어 있다면 근거리에서 물을 끌어올 수 있는지 여부를 반드시 따져봐야 할 것입니다.

얼마 전 한 기획부동산이 서울에 있는 사람들을 대상으로 제주 땅을 팔면서, 이런 점검 사항도 알려주지 않고 사기 분양을 하다 적발된 사례가 있었습니다. 모두 공법상 개발이 불가능한 땅을 산 사람들이었습니다.

마지막으로 유의해야 할 것은 가격입니다. 현재 토지 시장에서 제주 땅이 고덕국제도시 개발을 앞둔 평택 땅과 더불어 '특별한 대우'를 받고 있는 것은 사실입니다. 제주 제2공항을 비롯해 첨단과학기술단지, 영어교육도시, 신화역사공원, 헬스케어타운 등 크고 작은 개발 호재들이 많습니다.

그러나 이 점을 악용해 터무니없는 값을 시세인 것처럼 속여 부르는 일이 간혹 있습니다. 개발 사실을 전제로 매수 측이 돈을 조금 더 주고라도 산다고 하면 할 말은 없겠지만, 시세의 5배 이상을 부르는 등 비정상적인 시장에는 참여하지 않는 것이 좋습니다. 이런 일이 매매 시장에서 드물게 있다면, 제주도 경매 시장은 확실히 과열을 넘어 비이성적 단계로까지 나아간 것은 아닌가 하는 생각마저 들게 합니다.

인기가 있고 미래가 확실한 지역이라면 시세에서 조금 더 주고 살수는 있겠지만, 몇 년 뒤에나 예상해볼 수 있는 값을 미리 부르고 그에 맞춰 사는 것은 바람직하지 않다는 것이 필자의 생각입니다.

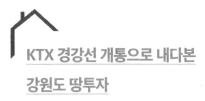

KTX 경강선 개통으로 내다본 강원도 땅투자

대개 땅값은 서울에서 가까울수록 비싸고 멀수록 싼 것이 상식입니다. 170년 전의 미국도 그랬습니다. 다만 1840년대 말의 미국은 유례

없는 금광 열풍으로 돌연 들끓었습니다. 1848년, 미국 서부 아메리칸 강 지류의 한 민가에서 금이 처음 발견되고, 다시 이 일대에서 엄청난 양의 금이 추가로 발견되자 미국인들은 생업을 접고 서부로 향했습니다.

당시만 해도 캘리포니아를 비롯한 미국 서부 지역은 불모지에 가까웠지만 이 사실로 인해 미국 국내는 물론이고 중남미, 유럽, 하와이, 심지어 중국에서조차 많은 사람들이 몰려들면서 '골드러시'라는 말이 생겨났습니다. 급격한 인구 증가로 캘리포니아는 불과 2년 만에 주(州)로 승격이 될 정도였으니 당시의 열기는 짐작이 되고도 남습니다.

필자는 2017년 12월, 서울과 강릉을 잇는 KTX 경강선이 개통되는 것을 보고 이런 생각을 해보았습니다.

"강원도가 캘리포니아 주처럼 되는 건 아닐까?"

향하는 방향만 다르지 골드러시라는 점에서는 별반 다르지 않을 것이라는 예측을 조심스레 한 것입니다.

사실 최근 개통된 서울양양고속도로 하나로도 예견된 바이지만, 아니나 다를까 KTX가 뚫렸습니다. 근 2년간 강원도는 제주도에 이어 2~3위라는 놀라운 땅값 상승률을 기록했는데, 필자의 생각이 장밋빛 환상만은 아닐 것입니다.

KTX 경강선 노선은 서울역-청량리-상봉-양평-만종-횡성-둔내-평창-진부-강릉역에 닿는 구간입니다. 강원도 구간은 만종역부터 강릉역까지입니다.

여기서 눈에 들어오는 역은 만종역과 진부역 두 곳입니다. 만종역은 원주시, 진부역은 평창군에 각각 속해있습니다.

필자가 횡성역과 평창역을 놔두고 굳이 잘 알려지지 않은 만종역과 진부역을 언급한 것은 땅투자가 갖는 중장기적 속성과 이슈성 때문입니다.

횡성역과 평창역은 유명하고 오래된 역들이지만, 만종역과 진부역은 현지 사람이 아니면 알기 힘들 정도로 비중이 작았던 곳을 아예 마음먹고 개발했다는 점에서 그렇습니다.

먼저 만종역의 개통은 원주시 구도심 주변의 투자 가치가 높아졌음을 뜻한다고 볼 수 있습니다. 원주시는 남북으로 흐르는 원주천을 경계로 동부에는 강원혁신도시개발예정지구가, 서부에는 기존 구도심이 자리를 잡고 있습니다. 만종역은 원주시청에서 약 2.5km 거리로 구도심에 더 가깝습니다.

이 지역에서 눈여겨봐야 할 곳은 사제리입니다. 만종역이 들어선 만종리는 말할 것도 없고, 원주지식기반형기업도시개발구역으로 지정된 신평리는 이미 값이 급등했습니다.

반면 사제사거리 남쪽에 위치한 사제리 일대 토지는 상대적으로 저평가되어 있습니다. 아직 아무런 가시적 계획이 잡혀 있지 않은 만큼 현 시점에서 투자 가치가 높다고 판단되는 곳입니다. 강원도는 산지가 많아 개발 시 임야의 활용도가 높으므로, 비교적 저렴한 임야를 골라 투자하는 것은 좋은 선택이라고 봅니다.

발로 찾는 부동산투자법

진부역은 평창군에 속해있기 때문에 2018 평창 동계올림픽과 뗄레야 뗄 수 없는 관계에 있습니다. 사실 이 일대 땅값도 진즉 올랐습니다. 올림픽이 예견되기 전, 진부역 주변 땅값은 구단위 평당 평균 10만 원 안팎에 불과했지만, 현재는 90만 원 안팎을 부르고 있습니다. 9배가 오른 것입니다. 이렇게 많이 오른 데는 진부역도 한 몫을 했다고 볼 수 있습니다.

그러나 수도권의 땅값과 견주면 아직은 턱없이 싼 수준입니다. 또 진부역 주변이 '평창 땅'임을 감안하면 마냥 올랐다고만 할 수도 없습니다.

오히려 필자는 평창이 올림픽 개최를 계기로 골드러시 이후, 1850년대의 캘리포니아처럼 큰 변화를 겪지는 않을까 하는 과한(?) 기대감마저 갖고 있습니다. 동계올림픽은 세계 만인의 축제인 까닭입니다. 세계가 축복하는 가운데 국제사회에 데뷔할 수 있다면 이것도 평창의 복일 것입니다. 진부역은 그 한 멍석이 될 것 같습니다.

강원도 토지는 제주도와 마찬가지로 체급에 비해 성장 가능성이 무궁무진하므로 소액 땅투자자들에게 적합한 투자 대상입니다. 강릉과 속초가 샌프란시스코처럼, 평창과 원주가 로스앤젤레스처럼 되지 말라는 법은 없습니다. KTX 개통과 동계올림픽의 개최는 그 시발점이 되지 않을까 싶습니다.

부동산 취득 시
세금

구분		취득세	농어촌특별세	지방교육세	합계세율
6억 원 이하 주택	85m² 이하	1%	비과세	0.1%	1.1%
	85m² 초과	1%	0.2%	0.1%	1.3%
6억 원 초과 9억 원 이하 주택	85m² 이하	2%	비과세	0.2%	2.2%
	85m² 초과	2%	0.2%	0.2%	2.4%
9억 원 초과 주택	85m² 이하	3%	비과세	0.3%	3.3%
	85m² 초과	3%	0.2%	0.3%	3.5%
주택 외 매매(토지, 건물 등)		4%	0.2%	0.4%	4.6%
원시취득, 상속(농지 외)		2.8%	0.2%	0.16%	3.16%
무상취득(증여)		3.5%	0.2%	0.3%	4%
농지	매매 신규	3%	0.2%	0.2%	3.4%
	매매 2년 이상 자경	1.5%	비과세	0.1%	1.6%
	상속	2.3%	0.2%	0.06%	2.56%

부동산 취득, 보유, 처분 시 세금

구분	국세	지방세제	
		지방세	관련 부가세
취득 시	인지세(계약서 작성 시) 상속세(상속받은 경우) 증여세(증여받은 경우)	취득세	농어촌특별세(국세) 지방교육세
보유 시	종합부동산세 (일정 기준금액 초과 시) 농어촌특별세 (종합부동산세 관련 부가세)	재산세	지방교육세 지역자원시설세 (도시계획세는 재산세에 통합)
처분 시	양도소득세	지방소득세(소득분)	해당없음

양도 차익	기본 세율	2주택자 (+10%p)	3주택자 (+20%p)	누진공제
1,200만 원 이하	6%	16%	26%	
1,200만 원~4,600만 원	15%	25%	35%	108만 원
4,600만 원~8,800만 원	24%	34%	44%	522만 원
8,800만 원~1억 5천만 원	35%	45%	55%	1,490만 원
1억 5천만 원~3억 원	38%	48%	58%	1,940만 원
3억 원~5억 원	40%	50%	60%	2,540만 원
5억 원 초과	42%	52%	62%	3,540만 원

6장

발로 찾는
'소액 경매'

소액 부동산투자,
경매에 길이 있다

소액으로 부동산에 투자하는 방법에는 여러 가지가 있습니다. 그런데 부동산은 주식, 채권 등 다른 투자재에 비해 상대적으로 단위값이 커서 소액으로 투자하려면 우선 크기가 작은 부동산을 골라야 합니다. 작은 부동산을 골랐으면 이를 최대한 싸게 살 수 있어야 하고, 내 돈은 가장 적게 들일 수 있어야 합니다.

작은 크기의 부동산을 고르는 일은 네이버 부동산 난의 매물 검색을 통해 또는 지역 부동산 중개인에게 전화로 문의해 진행할 수 있습니다. 현재 자신이 갖고 있는 예산에 맞게 소형 부동산을 알아본 뒤, 현장 확인을 거쳐 매수 여부를 결정합니다. 여기까지는 어렵지 않습니다.

그러나 어떤 사람이 투자를 한다고 할 때, 그 행위의 목적은 수익률을 극대화하는 것입니다. 단지 좋은 집을 매입하는 것에서 그치지 않고, 그 집을 잘 사고파는 행위를 통해 이익을 낼 수 있어야 합니다. 현명한 투자자는 최대한 싸게 사서 비싸게 파는 전략을 구사합니다. 아울러 투자금의 규모는 최소화함으로써 이익을 배가시킵니다.

정리하면 '작은 크기의 부동산을, 최대한 싸게 사들이되, 내 돈은 가능한 한 적게 들일 수 있는 방법'을 찾아내야 합니다. 바람직한 소액 부동산투자라면 적어도 이 세 가지를 만족시킬 수 있어야 합니다. 그런데 이 세 조건을 모두 충족할 수 있는 방법이 있습니다. 바로 부동산 경매입니다.

"경매 좀 가르쳐주세요!"

많은 사람들이 필자에게 부탁하는 말입니다. 그런데 몇 번 물어본 사람은 많았지만 끈기 있게 접근한 사람은 드물었고, 실제 행동에 옮긴 사람은 더더욱 없었습니다. 물론 요즘은 부동산 경매도 대중화되어 적잖은 사람들이 독학하거나 학원을 다닌 후, 바로 경매 법정을 찾고 있습니다. 그만큼 경매가 무엇인지, 왜 해야 하는지, 어떻게 시작해야 하는지에 대해 알 수 있는 기회도 많아졌습니다.

그래서 여기서는 자질구레한 법률 등 실무에서 불필요한 것들은 과감히 지양하고 몇 가지 핵심 사항과 현장에서 익숙하게 만나 볼 수 있는 사례들에 주목했습니다.

그 전에 부동산투자를 할 때, 왜 경매여야 하는가에 대해 알아보려고 합니다. 경매는 부동산을 시세보다 싸게 살 수 있는 합법적이고도 거의 유일한 방법입니다. 공매나 급매도 해당은 되겠지만, 일반적으로 가장 잘 알려진 분야는 역시 경매입니다.

경매는 대개 어떤 부동산의 소유자가 채권, 채무관계로 빚을 지게 되어 오랫동안 이자를 연체하거나 원금을 갚지 않고 있는 경우, 은행이든 개인이든 채권자가 담보 부동산을 강제 매각해서라도 받아야 할 돈을 받게 해달라고 법원에 정식 요청을 함으로써 시작됩니다.

그리하여 경매 제도는 우리 사회에서 미해결된 각종 채권, 채무의 관계를 깨끗이 정리할 수 있도록 국가가 나서서 도와주는 것이기에 없어서는 안 될 중요한 성격을 띱니다. 만약 경매 제도가 없다면 사회는 곧 대혼란에 빠지게 될 것입니다.

이런 특성 때문에 경매 물건은 으레 불경기에 속출하기 마련입니다. 경제가 불황이면 채무를 감당하지 못하는 사람들이 늘어나면서 경매 매물도 늘어나게 됩니다. 그에 따라 종종 우량한 부동산도 매각에 부쳐지고는 합니다. 경매는 제도의 속성상, 경기가 안 좋을수록 더 호황으로 가는 경향을 보인다고 할 수 있습니다.

그러면 투자자 입장에서는 왜 경매를 하는 것일까요?

투자자는 부동산을 시세보다 저렴하게 낙찰받아 그 차익만큼 이익을 내기 위해 경매에 참여합니다. 경매는 진행되면 될수록 시세보다 가격이 더 떨어진 상태에서 입찰하게 되므로, 이례적인 경우가 아니고서는 시세보다 싼 값에 부동산을 사들일 수 있습니다.

부동산투자도 돈을 벌기 위함이라면 일반 시장에서 매매로 취득해 일정 시간을 기다려 차익을 보는 것도 나쁘지 않겠지만, 기왕이면 사는 즉시 이익을 낸다면 더 좋을 것입니다. **이 점 때문에 필자는 부동산 경매를 '초경량 운동화'에 비유하고는 합니다. 보다 가벼운 운동화를 신고 달리면 목표 지점에 더 빨리 도달할 수 있습니다. 사람들이 경매를 하는 이유입니다.**

경매로 돈을 벌려면 우선 관심을 집중시켜야 합니다. 본인이 잘 아는 지역의 물건부터 알아보는 것이 좋습니다. 내가 사는 곳과 그 주변 지역이 해당될 것입니다.

경매가 위험하다는 등의 편견은 무지에서 비롯하는 것이므로 지레 겁먹을 필요는 없습니다. 공부를 위해 적어도 3권 이상의 경매 관련 책은 읽어야 합니다. 경매는 돈을 운용하여 돈을 버는 승부인 만큼 아는 것이 곧 힘입니다.

돈이 없거나 자신이 없다는 것은 핑계입니다. 시작이 어렵지 책 한 권을 마스터하고 나면, 다른 책들은 스스로 골라 읽을 만한 능력을 갖추게 될 것입니다. 주식은 열심히 하면서 경매를 하지 않는 것은 훨씬 더 큰 수익을 안겨다줄 수 있는 기회를 박차는 것과 같습니다.

지금 바로, 경매를 시작해야 합니다.

경매의 절차

경매가 개시되면 최초 감정가에서 한 번 유찰될 때마다 20%, 지역에 따라선 30%씩 가격이 떨어집니다. 최저가가 낮아지는 것입니다. 경매에 참여한 입찰자들은 최저가 이상으로 값을 써내야 합니다. 그리고 시세보다는 낮게 자기 나름의 가격을 써냄으로써, 시세와 낙찰 금액의 차이만큼 곧바로 이익을 실현합니다. 물론 낙찰은 경쟁에서 가장 높은 값을 써낸 사람이 받게 됩니다.

경매에 나온 부동산을 검색하려면 네이버에서 '부동산'을 클릭해 '경매'로 들어가 지역별로 내가 원하는 물건을 찾습니다. 살펴보려는 대상은 주택과 토지입니다. 이렇게 해서 입찰 일시와 물건의 대략을 알았으면 경매에 있어서 필수 과정인 부동산의 권리관계를 분석해야 합니다. 〈대한민국법원 법원 경매정보www.courtauction.go.kr〉 사이트에 들어가 해당 물건의 사건번호로 물건을 찾아 동일 물건인지 확인한 뒤, '매각물건명세서'를 열어 본격적으로 권리를 분석합니다.

분석을 마치고 별다른 문제가 없는 물건이라면 정해진 날짜와 시간에 맞추어 제시된 최저가의 10%경우에 따라선 20%에 해당하는 입찰보증금을 수표로 준비해 경매 법정을 찾아 입찰하면 됩니다.

물건 검색과 분석 방법에 관해서는 한 번 더 자세히 살펴보려고 합니다.

필자는 복잡한 것을 싫어하는 성격 탓인지 경매 입찰을 할 때에도 비교적 간편한 절차를 밟는 쪽을 좋아합니다. 살면서 과제가 주어졌을 때에 가령 여러 길이 있다고 한다면, 그중 가장 쉬운 길로 가는 것이 가장 좋은 길일 수 있습니다.

현재 시중에서 경매 물건을 알아볼 수 있는 루트는 많습니다. 법원에서 일간지에 공고하는 지면이나, 사설 경매대행업체의 온라인 게시물, 네이버 부동산 난의 게시물, 〈대한민국법원 법원 경매정보〉 사이트 내 게시물 등이 그것입니다. 그 밖에 개인이 운영하는 블로그 등에서도 경매 매물에 대한 정보를 얻을 수 있습니다.

이중 필자가 가장 선호하는 경매 물건 접근 방법은 네이버 부동산 경매http://land.naver.com/auction/**와 〈대한민국법원 법원 경매정보〉 사이트, 이 두 가지입니다. 필자에게 이 둘은 경매 입찰 전 할 수 있는 준비로서 'FM'에 해당하는 것들입니다. 사실상 교과서라고 할 수 있습니다.** 그러나 네이버 부동산 경매와 〈대한민국법원 법원 경매정보〉 사이트만 제대로 거쳐도 성공적으로 경매에 이를 수 있다는 점에서 훌륭한 참고서라고 해도 손색이 없습니다.

경매 매물에 접근하는 방식은 사람마다 모두 다를 수 있습니다. 여기서는 필자가 주로 쓰는 방법을 소개하려고 합니다. 이것은 경매를 처음 접한 사람도 따라할 수 있는 매우 단순한 것입니다.

먼저 PC를 켜고 인터넷에서 네이버로 들어갑니다. 네이버 화면의 검색창 바로 아래에는 사전, 뉴스, 증권, 부동산, 지도, 영화, 뮤직,

네이버 부동산 경매 초기화면

책, 웹툰 등 여러 카테고리가 있는데 '부동산'을 클릭합니다. 역시 새
검색창 아래로 매물, 분양, 뉴스, 커뮤니티, 경매, 테마부동산, MY페
이지라는 카테고리가 나타나면 '경매'로 들어갑니다.

화면이 뜨면, 상단의 박스 안에 있는 STEP 02 경매 소재지 선택 오
른쪽에 작은 글씨로 있는 '상세조회'를 클릭합니다. 그러면 물건종류,
상세조건, 소재지로 나누어 현재 경매 법원에 올라와 있는 물건들이
일렬로 나와 있는 것을 볼 수 있습니다. 이 가운데 관심 가는 물건을
골라 열어봅니다.

물건을 열면 '타경'이라는 말이 들어간 사건번호와 주관 법원, 매각

발로 찾는 부동산투자법

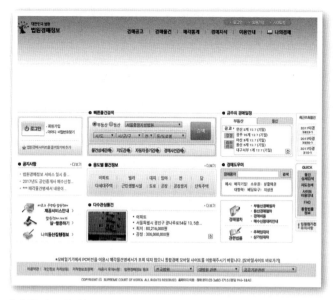

〈대한민국법원 법원 경매정보〉 초기화면

기일, 소재지, 감정가, 최저가 등 물건에 관한 기본적인 사항들을 확인할 수 있습니다.

이 물건이 마음에 들면 화면 오른쪽 '관련자료'라고 되어 있는 박스에서 '사건내역'으로 들어가 화면 가장 아래에 있는 '당사자내역'을 살펴봅니다. 당사자내역을 보면 주택의 경우에 가장 중요한 체크 사항인, 임차인이 있는지의 여부를 확인할 수 있습니다.

만약 '당사자내역'에서 임차인이라는 말이 등장하지 않는다면 해당 주택은 집주인이 살고 있는 것이고, 이 말이 등장한다면 임차인이 살고 있다고 보면 됩니다. 임차인의 존재 여부가 왜 중요한가에 대해서는 뒤의 '주택 경매'에서 이야기를 이어 가려고 합니다.

이 정도로 네이버 검색을 마쳤으면 물건의 권리분석을 위해 〈대한민국법원 법원 경매정보〉 사이트로 들어갑니다다만, 이 사이트는 매각기일 1주일 전부터만 물건을 공고하고 있음. 들어가면 화면 상단에 경매공고, 경매물건, 매각통계, 경매지식, 이용안내, 나의 경매라는 카테고리가 있습니다. 이중 '경매물건'에서 맨앞 '물건상세검색'을 클릭합니다. 그러면 부동산과 동산으로 나누어지는데, 부동산을 선택합니다.

이 사이트에서는 앞서 네이버 검색 시 알아둔 주관 법원과 사건번호 두 가지만 입력하여도 해당 물건을 찾을 수 있습니다. 물건의 소재지

| 물건상세검색 화면

발로 찾는 부동산투자법

등 일반 사항에 대한 정보 제공은 네이버와 비슷하지만 이 사이트에서만 알 수 있고, 알아야 하는 내용이 있습니다.

바로 '매각물건명세서'입니다. 매각물건명세서는 현황조사서, 감정평가서와 함께 화면의 물건 사진 난 아래에 위치하고, 가장 아래쪽에서도 볼 수 있습니다.

매각물건명세서

매각물건명세서는 경매 물건의 권리를 분석함에 있어 가장 중요한 자료입니다. 주택의 경우에는 임차인이 있을 때, 최초로 설정된 근저당, 가압류, 압류 등의 등기 날짜와 임차인의 전입신고 날짜를 서로 비교해볼 수 있습니다. 이때 전자가 빠르면 임차인은 '대항력이 없는 임차인'이고, 후자가 빠르면 '대항력이 있는 임차인'으로 분류됩니다.

전입신고 날짜가 근저당 등의 설정 날짜보다 늦어 대항력이 없는 임차인이라면 입찰해도 되지만, 전입 날짜가 설정 날짜보다 빨라 대항력이 있는 임차인일 때에는 임차인의 보증금이 얼마인지를 감안하여 입찰해야 하는 등 새로운 고려 사항이 생기게 됩니다.

이에 관해서는 바로 뒤 주택 경매에서 한 번 더 상세히 알아보겠습니다. 여기서는 주택 경매와 토지 경매로 나누어 그 내용을 살펴보려고 합니다.

주택 경매

먼저 주택입니다. 주택은 크게 아파트와 다세대를 말하고, 아파트든 다세대든 주택으로서 가치는 모두 높습니다. 다만 지역과 입지를 판단하는 것은 개인 기호와 실력의 몫이므로, 여기서는 주택 경매 시 반드시 챙겨야 할 두 가지인 권리분석과 명도의 기술에 관한 사항으로 곧바로 들어갑니다.

권리분석하기

경매에서 가장 중요한 두 가지 체크 사항이 있다면 하나는 명도고, 다른 하나는 권리분석이라고 할 수 있습니다. 명도가 낙찰 이후에 해야 할 일이라면, 권리분석은 입찰 전 점검해야 할 필수 사항입니다. 여기서는 실제 경매에서 가장 많이 접하는 사례들을 위주로 살펴보도록 하겠습니다.

경매에 나온 집은 크게 집주인이 살고 있는 경우와 임차인이 살고 있는 경우로 나누어집니다. 집주인이 살고 있을 때, 체크해야 할 사항은 특별히 없습니다. 다만 시세보다 얼마나 더 저렴하게 낙찰받을 수 있는가에만 집중하면 될 것입니다.

문제는 임차인이 살고 있을 때입니다. 이때는 〈대한민국법원 법원 경매정보〉 사이트에 들어가 '매각물건명세서'를 통해 해당 집에 대하여 최초로 설정된 근저당, 가압류, 압류 등의 날짜를 확인합니다. 이 최초로 설정된 근저당, 가압류, 압류와 저당, 담보가등기, 경매개시결정등기의 6가지를 가리켜 '말소기준권리'라고 합니다. 그다음 임차인의 전입신고 날짜를 확인합니다.

말소기준권리와 전입신고 날짜를 비교해 전자가 빠르면 임차인은 대항력이 없으므로 무난히 입찰해도 되지만, 후자가 빠르다면 내가 받은 낙찰 가격이 임차보증금보다 큰지와 임차인이 '권리신고 및 배당요구신청'을 했는지 여부를 반드시 확인합니다.

임차인의 전입날짜가 더 빠르다는 것은 이 사람은 대항력이 있는 임차인이므로, 자신의 보증금 전액을 다 돌려받기 전까지는 집을 점유할 권리가 있다는 것을 뜻합니다.

대항력 있는 임차인이 법원에 권리신고와 배당 요구를 했다면 임차인은 낙찰자가 납부한 대금에서 보증금을 반환받아 갈 것이지만 신청을 하지 않았다면 문제가 됩니다.

배당을 요구한 경우에 낙찰 가격이 보증금보다 크면 법원은 낙찰자가 납부한 대금으로 임차인에게 우선 배당한 뒤, 남은 금액을 채권자 측에 나누어주고 사건을 끝냅니다.

하지만 낙찰 가격이 보증금보다 작으면 곤란한 상황에 처할 수 있습니다. 이 경우에 낙찰자는 낙찰 가격과 보증금의 차액만큼을 떠안아 부족한 금액을 임차인에게 지급해야만 명도를 마칠 수 있습니다.

배당 요구를 하지 않았다면 낙찰자는 무조건 보증금 전액을 인수하게 되므로 주의해야 합니다. 물건을 싸게 사기는커녕 임차인의 보증금까지 떠안게 되는 대표적 실패 사례가 되는 것입니다. 가장 신경을 기울여야 할 대목입니다.

임차인의 권리신고 및 배당요구신청 여부는 네이버 경매에서 사건내역과 〈대한민국법원 법원 경매정보〉 사이트 내 '매각물건명세서'를 통해 확인할 수 있습니다.

그 밖에 유치권 신고가 되어 있는 물건, 토지별도등기, 각종 가등기, 예고등기 등이 설정되어 있는 물건은 초보자나 어느 정도의 경매 경험이 있는 사람일지라도 가능하면 피할 것을 권유합니다. 이런 특수물건에서 의외의 고수익을 낼 수도 있겠지만, 더 많은 정상적인 물건들을 다루면서도 일정 정도의 수익은 충분히 거둘 수 있는 필드가 경매인 까닭입니다.

낙찰 후 명도하기

경매에서 주택이 토지와 가장 다른 점은 대부분의 경우, 낙찰받은 집에 사람이 살고 있다는 사실일 것입니다. 집주인이든 임차인이든 사람이 살고 있으므로 집을 비우는 절차인 명도를 필요로 하게 됩니다.

요즘은 인도명령과 그에 따른 강제집행 제도가 법적으로 보장되어 있어서 집을 비우는 데, 그리 오랜 시간이 걸리지는 않습니다. 하지만 기왕 시간을 더 절약하기 위해서라면 3개월 이상까지도 걸리는 집행을 택하기보다는 거주 중인 사람과 접촉하여 원만하게 집을 비우는 것이 가장 현명한 방법입니다.

추천할 만한 한 방법으로 진솔한 편지를 써서 명도 대상자에게 보내는 것이 있습니다. 인간적인 유감을 표하면서 집을 비워달라는 요구는 명확하게 합니다. 이때 집을 비우는 날짜를 명시하고 동의 시 소정의 이사비용을 지급하겠다는 약속을 같이 하는 것이 가장 좋습니다. 이사비는 보통 구단위 평당 7만 원이 관례이지만 조금 더 줄 수도 있습니다.

그런가 하면 때로는 사람에 따라 터무니없는 이사비용을 요구하거나 막무가내의 버티기로 일관하는 경우도 있습니다. 이럴 때는 부득이 낙찰 시 신청해놓은 '인도명령'을 활용해야 합니다. 심리적으로 압박을 주거나 그도 안 되는 사람 같으면 부득이 강제집행을 해야 합니다.

그러나 대부분은 집행을 고지하는 계고 단계에서 집을 비워 주고는 합니다. 경매도 사람이 하는 일이기에 집행보다는 어디까지나 원만한 합의로써 명도를 마치는 것이 가장 좋은 길이라고 하겠습니다.

이렇게 집을 비웠으면 당초의 목적과 계획에 따라 본인이 직접 입주하거나, 세를 주거나, 매각하면 될 것입니다. 필요에 따라 집을 수리해야 하는 경우도 있으므로 수리비는 경매비용 조로 사전에 넉넉하게 고려해두기 바랍니다.

경매를 처음 시작할 때는 낙찰에 집착하지 않는 것이 중요합니다. 그것은 두 가지 이유에서입니다.

첫째, 경매를 하는 목적은 부동산을 시세보다 싸게 사려는 것이지 경쟁에서 이겨 1등을 차지하는 것이 아니기 때문입니다. 대체로 감정가의 85%에도 낙찰받지 못한다면 차라리 급매를 알아보는 쪽이 더 낫습니다.

인기 있는 아파트나 다세대의 경우에 입찰자가 서른 명도 넘고 감정가보다 훨씬 높게 낙찰되는 사례들이 종종 있는데, 바람직하지 않습니다. 경매는 되도록 사람들이 꺼리어 경쟁률이 낮을 만한 물건을 싸게 잡아, 사후 적당한 수리를 거쳐 가치를 높이는 쪽으로 가는 것이 가장 좋습니다.

이를 위해 실거주로 꼭 필요한 것이 아니라면 '되면 좋고 안 되도 그만'이라는 편한 생각으로 임할 필요가 있습니다.

둘째, 경매에서 떨어지는 것도 좋은 경험이기 때문입니다. 떨어져 보면서 "요즘은 대강 이 정도라야 낙찰이 되는구나." 하고 배울 수 있습니다. 만약 비싸게 낙찰된다면 나는 해당 없어서 좋고, 싸게 낙찰된다면 다음에는 조금만 높게 쓰면 되는 것이어서 좋습니다.

경매에서 패찰은 살아 있는 배움의 장입니다. 자꾸 떨어지면서 내공을 기를 필요가 있습니다.

소형 아파트 경매는 차익보다 레버리지로

늘 그래왔듯 경매 시장에서도 아파트는 가장 인기가 많은 물건입니다. 특히 소형 아파트는 실수요자가 많아 경쟁이 치열하고 감정가 대비 낙찰 가격을 뜻하는 낙찰가율은 100%에 육박하고는 합니다.

경매 입찰은 일반 시장에서 매매하는 것보다 더 싸게 사기 위함인데, 아파트는 중개업소를 거쳐 사는 것과 똑같은 값에 낙찰되는 형편이라, 경매를 하는 의미가 없다며 허탈해 하는 분들이 많습니다.

그러나 현실이 그렇다면 받아들이고 그 위에서 생각하는 수밖에는 없습니다. 아파트 경매로 즉시 차익을 보는 것은 요원해졌으므로 보다 싸게 사는 것이 목적이라면 급매물을 알아보는 쪽이 더 좋습니다. 급매 가격이 경매 낙찰가보다 더 저렴한 경우가 많기 때문입니다.

그럼 아파트 매입 시 경매만 고집하는 사람들은 왜 그런 것일까요?

대개 이유는 대출 한도와 방식에 있습니다. 그동안 '경락잔금대출'

로 불려온 경매대출의 한도는 '감정가의 70%, 낙찰가의 80% 중 더 낮은 쪽'이었습니다. 예를 들어 감정가 1억 원짜리 아파트를 1억 원에 낙찰받으면 7천만 원까지, 8천만 원에 낙찰받으면 6,400만 원까지는 대출이 이루어졌습니다. 대략 낙찰가의 20%만 있으면 입찰이 가능해, 경매를 통하면 작은 돈으로도 부동산을 살 수 있었습니다.

다만 문재인 정부의 8.2 부동산 대책 및 후속 조치 이후, 투기 지역과 투기 과열지구로 지정된 곳의 경매 매물은 대출 한도가 40%대까지 줄어들었습니다. 기존 담보대출이 한 건이라도 있는 경우에는 30%가 적용됩니다. 규제가 해제될 때까지는 서울, 과천, 세종시, 분당, 대구 수성구 같은 투기 지역 및 투기 과열지구에서 경매로 부동산을 사려면, 적어도 낙찰가의 60%까지는 자기 자금이 있어야 합니다.

또 고양, 성남, 광명, 하남, 동탄, 남양주 등 6개 지역은 조정대상 지역으로 분류되어, '감정가의 60%, 낙찰가의 80% 중 더 낮은 쪽'이 적용됩니다. 기존 대출 한도에서 감정가 기준만 10% 내렸습니다.

이번 대출 규제의 특징 중 하나는 평택, 제주, 부산 등 상대적으로 뜨거운 일부 지역들이 비껴났다는 점입니다. 그 외 인천, 부천, 안양, 수원, 시흥, 안산, 산본, 구리, 용인, 경기 광주, 의정부, 파주 등지가 포함되어 있지 않아 벌써 유동자금의 '풍선 효과'도 거론되고 있습니다.

다른 한 가지는 대출 방식입니다. 일반 시장에서 아파트를 매입할 때는 무조건 원금과 이자를 같이 갚아 나가야만 하지만, 경매로 살 때

발로 찾는 부동산투자법

에는 이자만 납입하는 거치식 대출이 아직 운용되고 있습니다. 다만 8.2 대책 이후로는 일부 금융기관에서만 시행 중이고 거치기간은 1년으로 줄어든 상황입니다.

그렇지만 투기 지역 및 투기 과열지구로 지정된 서울, 과천, 세종시, 분당, 대구 수성구를 제외한 지역의 아파트는 해당이 되지 않으므로 경매로 소형 아파트를 사는 것은 레버리지 효과를 낸다는 측면에서 여전히 의미가 있습니다. 이 대출 시스템은 다세대에도 똑같이 적용됩니다.

토지 경매

다음은 토지입니다. 부동산투자에 있어서 주택과 함께 양대 축을 이루고 있는 분야가 바로 토지입니다. 땅은 모든 건축물의 원재료가 되므로 가장 무한한 잠재 가능성을 가진 소재입니다. 그리하여 중장기적으로 집보다 훨씬 더 큰 수익을 안겨다주는 경우가 많고, 소유자가 임의로 개발할 수 있기에 자유로운 이용이 가능합니다.

토지는 그 부증성으로 인해 과거 국가 간 전쟁, 침략의 원인이 되어오기도 했습니다. 삼국시대에 고구려, 백제, 신라는 한강 유역을 차지하기 위해 명운을 걸었고, 구한말 일제도 국권 침탈 후에 가장 먼저 한 것이 토지의 측량이었을 정도입니다. 미래에 토지 소유권을 두고 또다시 전쟁과 침략을 겪는 일 만큼은 없어야 하겠습니다.

주택만큼 엄격하지는 않더라도 토지도 시세선이라는 것이 있기에, 경매로 땅을 취득하는 것은 그 역시 본래 값보다는 저렴하게 매입하는 것이 됩니다. 토지는 주택과 같은 명도 절차가 필요하지 않으므로 경매로 땅을 사는 일은 한결 간편합니다.

토지 경매는 낙찰이 곧 끝이라는 말도 있을 정도입니다. 앞 장에서 잠시 다루었지만 땅과 관련된 공법 사항은 지목별, 용도 지역별로 투자 효과가 가장 큰 항목들만 각각 세 가지씩 선별해 한 번 더 살펴보려고 합니다.

대지, 농지, 임야

토지와 관련된 지목에는 대지, 농지전·답, 임야, 잡종지, 목장용지, 과수원, 공장, 도로, 창고, 구거, 하천, 묘지 등 다양한 것들이 있습니다. **그중에 가장 투자를 많이 하는 땅은 대지, 농지, 임야입니다.**

대지는 건축법상 지금 바로 건축물을 지어 올려도 되는 땅을 말합니다. 빠른 건축에 아무런 지장이 없으므로 농지나 임야보다는 값이 비싼 편입니다.

농지는 전과 답으로 나누어지는데 각각 밭과 논입니다. 농지는 농지법의 적용을 받기 때문에 반드시 '농지취득자격증명서'의 발급을 필요로 하지만 경매에서는 예외로 되어 왔고, 전·답 모두 취득 후에는 자경을 하거나 위탁 농사를 지어야만 합니다.

다만 구단위 300평 미만의 농지는 주말농장 용도로 취득할 수 있습니다. 주말농장으로 보유하는 소규모 농지는 현지에 살지 않아도 되지만, 위탁 영농은 할 수 없도록 되어 있습니다. 농지는 시·군·구청, 읍·면사무소 같은 관할 행정기관의 건축 허가를 받아 건축할 수 있고 가격은 보통 전이 답보다 더 비쌉니다.

임야는 산입니다. 그러나 현황에 따라 언덕도, 평지도 될 수는 있습니다. 그리하여 지목은 임야인데 현황은 평지인 땅이 전용 가능성도 높다 하여 경매 시장에서 인기를 누리기도 합니다. 임야는 대지와 농지에 비해 일반적으로 저렴한 편이어서 소액투자가 가능한 것이 특징입니다. 보통 초보 입찰자의 경우에 대지를 많이 찾고는 하지만, 땅투자를 조금이라도 해본 사람들은 '알짜 토지'로서 농지와 임야를 더 선호하는 경향이 있습니다. 가격과 개발 가능성 때문입니다.

우리나라는 국토의 약 70%가 산지입니다. 당장 쓸 수 있는 30%의 땅도 대부분은 농지로 구성되어 있습니다. 인구에 비해 국토가 워낙 협소한 관계로, 경제 규모가 커질수록 어쩔 수 없이 농지와 임야를 개발할 수밖에는 없는 형편입니다. 이 점에 착안한다면 투자의 맥을 잡을 수 있습니다.

그래서 현명한 투자자들은 대지보다는 상대적으로 저렴한 농지, 임야를 경매로 싸게 사들인 뒤, 장기투자하는 일이 많습니다.

한발 더 나아간 사람들은 보유 중인 농지와 임야의 가치를 높이기 위해 적극적으로 지목변경에 나서기도 하는데, 지목을 대지로 바꾸는 작업입니다. 이렇게 하면 개발 여부와 상관없이 지목이 바뀐 것 하나만으로도 땅값이 오르게 됩니다. 땅투자에서 공격적 투자 기법이라고 할 수 있습니다.

지목의 변경은 간단한 일이 아니지만 '전용'을 통하여 할 수 있습니다. 지목은 농지인데 허가를 받아 건물을 지어 올린 경우는 농지를 대지로, 지목은 임야지만 현황상 일정 기간 이상 농사를 짓고 있는 경우는 임야를 농지로 각각 형질변경한 것으로서 요건을 갖춘 뒤, 관계 행정기관에 지목변경을 신청할 수 있습니다.

주거 지역, 계획관리 지역, 자연녹지 지역

현재 토지와 관련된 공법은 국토의 효율적 이용을 위해 지역, 지구, 구역 등으로 규제 사항을 세분화해 땅을 관리하고 있습니다. **이중 주거 지역, 계획관리 지역, 자연녹지 지역은 소액 땅투자자들이 가장 선호하는 투자 대상 토지라고 할 수 있습니다.**

주거 지역은 이미 시가지가 형성된 지역인 경우가 많고, 시가화가 진행 중인 지역이기도 합니다. 이미 시세가 반영되어 있을 수 있지만 투자 대상 지역입니다.

계획관리 지역은 아직 도시가 형성되지는 않았지만 앞으로 개발될 가능성이 가장 높은 곳이고, 따라서 투자 가치도 현저히 높다고 볼 수 있습니다. 머지않은 날에 개발이 진행될 곳이라고 봐도 좋습니다.

자연녹지 지역은 소리 소문 없이 오르는 지역 중 한 곳입니다. 계획관리 지역보다 건축 가능한 면적은 작더라도 역시 개발이 가능한 곳이기에 주거 지역, 계획관리 지역과 함께 투자 대상 추천 지역에 해당합니다.

지목과 용도 지역은 서로 가지 뻗기 식으로 겹쳐져 나타납니다. 이를테면 아래처럼 표현할 수 있습니다.

"이 땅은 지목은 임야인데, 용도 지역은 계획관리 지역이야."

"지목은 전이면서, 용도 지역은 자연녹지 지역인 땅이야."

토지 관련 공법은 일반인들이 전부를 일일이 알기에는 다소 벅찰 수 있습니다. 그러나 투자 대상 항목들을 확인했으면 투자해서는 안 될 항목들도 점검해봐야 합니다.

사실 그린벨트로 불리는 개발제한구역조차도 규제가 풀리면 큰 수익을 거둘 수 있다는 점에서, '투자해서는 안 될 토지'란 있을 수 없습니다. 심지어 군사시설보호구역이라 할지라도 여건에 따라 드물지만 해제되는 경우가 있습니다. 하지만 수십 년이 지나도 개발이 곤란한 땅들은 분명 있습니다.

지역, 지구, 구역, 권역 단위를 통틀어 개발 가능성이 가장 희박한 토지는 자연환경보전 지역, 집단묘지지구, 문화재보호구역, 자연보전권역 등입니다. 그 밖에 앞서 언급한 개발제한구역과 군사시설보호구역도 특별한 사정이 없는 한 개발은 어렵습니다.

이들은 모두, 국가가 양보할 수 없는 특정한 가치를 지키기 위해 개인이 임의로 개발할 수 없도록 각종 법률로써 지정해놓은 것입니다. **투자해서는 안 될 토지를 걸러낼 수만 있어도 땅투자에서 반은 성공했다고 할 수 있습니다.**

토지 경매, 반값 쓰고 낙찰받자

경매 입찰을 위해 수도권과 지방 법정을 찾다 보면 생각보다 놀라운 낙찰 결과들을 목도하고는 합니다. 주로 토지 경매에서 보게 되는 반값 낙찰 사례들입니다.

일반적으로 경매 시장에서 토지는 주택보다 입찰 경쟁률이 떨어집니다. 그에 따라 단독 입찰도 적지 않습니다. **땅은 대체로 실수요자가 적은 온전한 투자재여서 경매 진행 시 경쟁자가 적습니다. 이 때문에 경매 시장에서 토지는 '블루오션'으로 통하기도 합니다.**

가장 최근에 본 소액 토지 경매 사례는 감정가 1억 5천만 원에 나온 경기 평택의 작은 임야를 어떤 투자자가 7천만 원에 낙찰받은 것입니다. 단독 입찰이었습니다.

이날 평택 법정에는 다양한 매물들이 경매에 나왔는데 아파트는 대부분 95~100%, 다세대는 80~85% 선에서 낙찰되었습니다. 하지만 토지는 50% 미만 가격에도 팔려 나갔습니다. 늘 그렇듯 법정 안 열기는 아파트와 다세대가 주도하지만 정작 가장 큰 이익을 보는 측은 토지 경매 입찰자들입니다.

한때 '반값 경매'라는 말이 유행했습니다. 그런데 적어도 그 대상이 토지라면 이 말은 지금도 유효합니다. 심지어 땅은 감정가의 30%대에도 낙찰되곤 하는데 낙찰자는 경험이 많은 사람입니다.

필자가 아는 어떤 분은 토지를 감정가의 30% 선에서 낙찰받아 적당히 개발한 뒤 시세의 70%에 되파는 일을 합니다. 소요 기간은 최대 6개월 정도라고 합니다. 장기투자자인 필자는 가끔 호기심에서 그 비법을 물어보곤 합니다.

토지 경매 시에도 대출은 받을 수 있습니다. 땅은 대지, 농지, 임야 모두 낙찰가의 80%까지 융통할 수 있습니다. 8.2 부동산 대책에서 토지는 제외되었습니다. 그러나 땅은 대부분 오래 가져가야 하는 것이어서 부채비율이 낙찰가의 30%를 넘지 않도록 하는 것이 보다 합리적일 것입니다.

토지 경매에 뛰어들고자 한다면 반값 낙찰에 도전해보기 바랍니다. 가능한 필드에서 가능한 일을 하는 것이 곧 이기는 것입니다.

발로 찾는
실전 경매

필자가 부동산 경매를 처음 시작한 것은 30대 초반입니다. 길지 않은 경력이지만 그럼에도 이제껏 적잖은 물건들을 오판 없이 다루어

올 수 있었던 것은 필드에 발을 들여놓기 전 3년간 틈틈이 읽어온 경매 서적들 때문이었습니다.

여기서는 필자가 직접 경험한 사례 중 다세대 경매 세 가지를 소개하려고 합니다.

서울 개봉동 다세대 경매

서울 개봉동 다세대는 필자가 경매를 처음 시작하면서 낙찰받은 물건입니다. 개봉중학교 인근에 있는 집은 당시 지은 지 3년 된 신축이었고, 4층 중 3층 집에는 분양받은 주인이 살고 있었습니다.

감정가는 1억 4,900만 원에 2회 유찰되어 최저가 9,536만 원에서 입찰했고, 5:1 경합이 붙어 1억 2,800만 원에 낙찰받았습니다. 이 물건은 집주인이 살고 있는 관계로 보통 임차인을 상대하는 경우보다 명도 과정은 쉬웠습니다. 대금납부 후에 바로 전 소유주에게 편지를 보내 의사를 전달했고, 이사비용 100만 원을 제공하는 선에서 원하는 날짜에 집을 비울 수 있었습니다.

시시콜콜한 이야기이지만, 이 집은 전 주인이 약속을 어기고 살림살이를 절반 정도나 남기고 간 바람에 쓰레기를 버리는 일이 큰 작업이었습니다. 책상, 수납장 같은 무거운 물건은 동 주민센터에 신고한 뒤에 '딱지'를 구입해서 버렸고, 잡다한 쓰레기는 100L짜리 쓰레기 봉투에 담아 버려야만 했습니다.

명도를 하다 보면 간혹 점유자가 이처럼 기물들을 내버리고 가기도

하는데, 쓰레기를 처리해주는 대행업체는 따로 없습니다. 청소업체도 쓰레기까지 수거해주지는 않습니다. 그리하여 짐이 나오면 직접 팔을 걷어붙이고 치워야 하는 측면이 있습니다.

이 집은 신축인 점과 구로구의 전세가율이 매우 높은 현황상 낙찰가보다 더 높은 값에 전세 계약을 체결한 사례입니다. 시중에서 이런 경매를 가리켜 '플러스피투자'라고 하는 걸, "아 그때 그게, 이런 거였구나."라고 나중에야 알게 되었습니다.

우연히 여러 조건과 상황들이 들어맞아 집도 취득하고 현금수익도 낼 수 있었던 좋은 경험이었습니다.

경매에서 플러스피투자는 낙찰가보다 전세가가 더 높을 때에 실현됩니다. 그러나 흔한 경우는 아니어서 낙찰 가능 금액대와 지역의 전세 수급 상황을 보고 판단해볼 일입니다.

서울 목동 다세대 경매

서울 목동 다세대는 2017년 초에 낙찰받은 물건입니다. 강서고등학교 바로 옆에 위치해있고 4층 중 2층으로, 연식은 10년 되었습니다. 많은 10년차 다세대가 그렇듯, 필로티 구조로 주차장은 구비되어 있으나 엘리베이터는 없습니다. 입찰 당시에는 젊은 임차인 부부가 살고 있었습니다.

감정가 1억 7,000만 원에 2회 유찰되어 최저가 1억 880만 원에 시작했고, 8:1 경합 끝에 1억 4,750만 원에 낙찰되었습니다. 임차인 부부에게 진솔한 편지를 보낸 뒤, 곧 이사비용 70만 원을 지원하는 조건으로 명도에 원만히 합의했습니다.

이 집은 가장 빠른 시간 안에 명도를 마친 물건으로 2개월이 걸렸습니다. 공과금은 2개월 치가 연체되어 있었는데, 집을 비우는 날 완납하는 조건으로 이사비를 지급하기로 하여 정리했습니다.

주택을 경매할 때는 공과금, 관리비 등이 연체되어 있는 때가 있습니다. 세입자도 밀릴 수 있지만 보통 집주인들이 그런 경우가 많습니다. 집을 경매 잡힌 소유자는 이미 갈 데까지 간 상황이어서 그렇습니다.

공과금이라면 더 이상 집에 살지 않더라도 쓴 사람이 내게 되어 있지만, 관리비의 경우는 그렇지 않으므로 집을 비우기 전 원칙적으로 완제해줄 것을 요구해야 합니다.

특히 아파트의 공용관리비는 관리사무소에서 대개 낙찰자에게 부담시키는 경향이 있습니다. 그래서 양심적인 점유자를 만나지 않고서는 낙찰자가 정리해야 하는 일이 많습니다. 이 공용관리비를 정산하지 않고는 입주가 곤란할 수도 있으니 사전 협의를 충분히 하거나, 최악의 경우를 대비해 비용을 고려해두어야 합니다.

목동 다세대는 상태가 그리 나쁘지 않은 까닭에 간단한 도배와 문짝 교체, 청소만으로도 새 집을 만들 수 있었는데, 10년차 다세대는 부분 수리 조로 비용이 들어갈 수도 있습니다. 소소한 리모델링을 거쳐 1억 4,000만 원에 전세를 주었습니다.

발로 찾는 부동산투자법

서울 망원동 다세대 경매

서울 망원동 다세대는 '빨간 벽돌집'으로 불리는 구옥입니다. 지은 지 무려 27년차로, 900만 원을 들여 전체 수리를 했습니다.

당시 감정가 1억 4,000만 원에 무려 20:1의 경쟁률을 보인 물건으로 이례적으로 감정가보다 높은 1억 4,750만 원에 낙찰받았습니다. 이유는 몇 가지가 있었는데, 그때는 망원동이 오늘과 같은 핫플레이스로 부상하기 직전의 시점이었고, 이 물건 앞쪽으로 한강변을 따라 아파트를 분양하려는 움직임이 보이던 때였습니다.

순간 몇 년 전 합정역 주변으로 메세나폴리스와 푸르지오아파트, 오피스텔이 들어오면서 낡고 오래된 일대 경관이 깨끗이 정비되고 지가가 치솟았던 기억을 떠올렸습니다. 그렇다면 이런 물건은 꼭 현재 시세를 반영하고 있는 것도 아닌 감정가보다 무조건 낮게 써야만 할 이유가 없었고, 이 같은 판단 아래 간신히 낙찰받을 수 있었습니다. 예상했던 대로 망원동은 방송과 인터넷을 타고 유명해지기 시작했고 가격은 가파르게 상승하고 있습니다.

경매는 일반 매매와 달리 입찰 전 집을 미리 볼 수 없다는 것이 단점입니다. 서류상에 사진이 기재되어 있으면 모르지만 대부분은 없거나 나와 있더라도 한계가 있습니다. 그래서 주어진 것만 가지고 판단해야 하는 단점이 있습니다.

하지만 이 집의 경우에 필자는 이렇게 오래된 집이 내부라고 온전할 리 없다는 나름의 전제와, 바깥에서 눈으로 본 수십 년 전 창틀을 통해 보나마나 전체 수리가 필요하다고 생각했습니다.

명도 과정에서 들어가 본 집은 역시나 한 번도 수리가 되지 않아 험하다는 표현이 맞을 정도였습니다. 게다가 혼자 살던 60대 초반의 남자 임차인은 은행의 근저당 설정이 있은 뒤, 턱없이 싼 보증금에 들어와 살고 있었습니다. 전입 날짜가 근저당 설정일보다 늦어 대항력이 없는 사람이었습니다. 7천만 원의 보증금 중 2천만 원 정도를 못 받고 나가야만 했습니다. 본래의 전세 시세보다 현저히 낮은 금액에 거주해온 대가는 가혹한 것이었습니다.

그러나 낙찰받은 입장에서도 어쩔 수 없는 일이었습니다. 취득한 이상 명도는 해야만 하기에 필자는 관행보다 높은 100만 원의 이사비용을 제공할 테니 제시한 날짜까지 집을 비워달라고 요구했습니다. 그렇지 않으면 부득이 강제집행을 할 수밖에 없다는 통보도 덧붙였습니다.

그런데 임차인은 돈을 다 받지 못하고 나가야만 하는 현실을 인정하지 못 하고 있었습니다. 설득을 했지만 차일피일 계속 시간을 달라고만 하던 이 사람은 급기야 집에 불을 놓겠다는 등 험한 말을 꺼냈습니다. 그리고 법원의 인도명령장이 도착하자, 갑자기 지인을 통해 이사비 조로 400만 원을 내놓으라며 무리수를 두었습니다.

부당한 요구이기에 필자는 당연히 거절했고 임차인은 결국 법원 집달관들에 의해 강제집행을 예고하는 계고장이 붙고 나서야, 집행 바로 전날 집을 비우는 촌극을 연출하고 말았습니다. 그의 이런 행동은 분명 잘못된 것이지만 역지사지하면 또 이해가 안 될 바도 아니라는 생각에 마음이 편치만은 않았습니다.

군이 이 사례를 든 것은 앞의 두 경우에 비해 명도 과정이 원활하지 못했던 까닭입니다. 쉽게 풀린 이야기만 하고 싶지는 않았습니다. 경매를 하다 보면 이런 일을 만날 수도 있다는 점을 염두에 두어야 할 것입니다.

경매 입찰 전후, 주의해야 할 것들

경매에 참여하면서 권리분석을 잘못하여 피 같은 목돈을 날리는 사례들을 종종 봤습니다. 보통 입찰하지 말아야 할 물건을 낙찰받아 뒤늦게 실수한 것을 깨닫고 입찰보증금을 몰수당하는 경우입니다. 경매 법원은 낙찰자가 낙찰을 받은 뒤, 대금납부기일까지 잔금을 납부하지 않거나 정당한 사유 없이 낙찰의 취소를 요구하더라도 보증금을 몰수하고 돌려주지 않습니다. '미납'에 따른 보증금의 몰수입니다.

사람들이 대금을 미납하는 이유는 크게 두 가지입니다.

첫째, 권리분석을 잘못하거나 당일 사람이 붐비는 법정 분위기에 휩쓸려 터무니없는 값을 써내고 시세보다 훨씬 비싼 대금을 납부하게

되어서입니다. 큰 금액을 더하여 부동산을 취득하느니 차라리 보증금을 포기하는 것입니다.

경매에서 권리분석상의 실수를 하지 않으려면 기본에 충실해야 합니다. 이는 말소기준권리를 찾는 일에서부터 시작합니다. 앞서 말소기준권리는 해당 부동산에 대하여 최초로 설정된 근저당, 가압류, 압류 등의 채권이라고 했습니다.

말소기준권리는 이후에 설정된 모든 채권에 대한 효력을 자동 말소시킵니다. 가장 빠른 채권으로서, 후순위 채권들을 말소하는 것입니다. 다만 소유권이전청구권 가등기는 낙찰 후에 소유권을 빼앗아 갈 수 있고 선순위 가처분, 전세권, 지상권 등은 그대로 남아 인수되므로 주의해야 합니다. 매각물건명세서에서 확인할 수 있습니다.

전세권은 임차권등기의 형태로도 나타날 수 있습니다. 임차권등기는 집주인에게서 전세금을 돌려받지 못한 세입자가 소송을 통해 집행권원을 갖고 설정해놓은 것입니다. 임차권등기라도 말소기준권리보다 후순위이면 상관없지만 선순위일 때에는 피해야만 합니다.

법정 분위기에 휩쓸려 실수를 하지 않으려면 정확한 시세 조사가 필수입니다. 반드시 부동산 중개업소 몇 곳에서 시세를 확인한 뒤, 입찰해야만 합니다. 낙찰은 물론 중요하지만 낙찰을 통해 얼마만큼 이익을 낼 수 있는가가 더 중요하기 때문입니다.

대개 경매는 시세의 80% 선에서는 낙찰되어야 의의가 있는데, 90%를 넘게 되면 급매 가격과 비슷해져 의미를 잃을 수 있습니다. 헛된

승부욕에 불타 하나마나한 경매가 되거나 손해를 보는 일이 없도록 유의해야 할 것입니다.

둘째, 대금납부기일까지 대금을 마련하지 못해서입니다. 대출 여부와 금액 한도를 꼼꼼하게 알아보지 않거나, 세금이나 이사비 등 부대비용 계산을 잘못해 돈을 조달하지 못하면 사고가 나게 됩니다.

이를 예방하기 위해서는 들어가는 비용을 미리 꼼꼼하게 산출해봐야 합니다. 경매를 할 때에는 납부 대금 외 추가비용으로 취득세, 법무사비, 이사비, 수리비, 체납관리비, 명도 지연에 따른 이자 등 잡다한 비용이 들게 됩니다. 입찰자는 이 모든 비용을 고려하고도 남을 만큼 합리적인 선에서 낙찰 가격을 써내야만 합니다.

또 공법상 주의해야 할 내용 중 하나로, 건축물 대장에 '위반건축물'로 등재되어 있는 주택이 있습니다. 주로 건물의 용도를 불법으로 변경하거나 무단 증축을 해 적발된 사례가 많습니다. 이런 물건을 낙찰받으면 낙찰자에게 원상복구의 책임이 주어지고, 복구 시까지 이행강제금이 부과됩니다.

사후 복구공사를 하거나 이행강제금을 내고도 이익이 남는다면 입찰해도 되겠지만, 그렇지 않다면 한 번 더 생각해봐야 합니다.

마지막으로 주의해야 할 것은 '조세채권'입니다. 조세채권이란 부동산 소유자가 체납한 세금이 있을 때, 국세청 및 세무서가 설정한 것을 말합니다.

조세채권의 특징은 압류, 가압류의 날짜를 기준으로 하는 것이 아니라 세금 체납이 발생한 시점을 기준으로 한다는 것입니다. 이 때문에 압류, 가압류 시점이 말소기준권리나 대항력 있는 임차인의 전입 날짜보다 늦더라도 체납이 발생한 시점이 더 빠르다면 세금을 인수하게 됩니다. 그리고 상속세, 증여세 등 해당 부동산으로 인해 발생한 체납은 후순위더라도 가장 먼저 배당받게 되므로, 조세채권이 있다면 세무기관에 액수가 얼마인지 꼭 확인하고 입찰해야만 합니다.

그 밖에 입찰 시 입찰 가격을 써내는 난에 실수로 '0'을 하나 더 써서 미납에 이르는 사례가 적지 않습니다. 어처구니없는 일이지만 주의를 집중하지 않으면 충분히 일어날 수도 있는 일입니다. 1억 원을 써야 하는데 실수로 10억 원을 써낸 뒤 사정을 해도 재판장이 선처하는 일은 절대 없습니다.

경매 과정

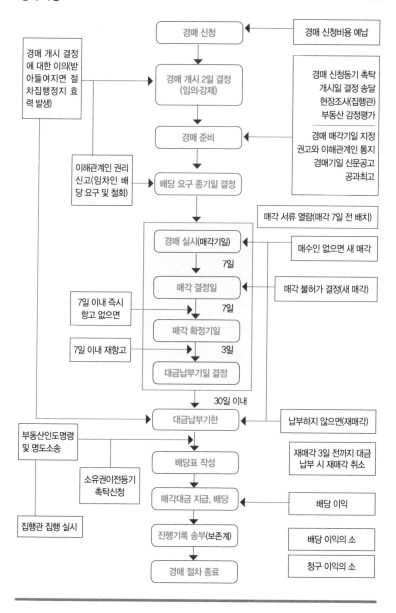

경매 신청 ← 경매 신청비용 예납

경매 개시 결정에 대한 이의(받아들여지면 절차집행정지 효력 발생)

경매 개시 2일 결정 (임의·강제)

경매 신청등기 촉탁
개시일 결정 송달
현장조사(집행관)
부동산 감정평가

경매 준비

경매 매각기일 지정
권고와 이해관계인 통지
경매기일 신문공고
공과최고

이해관계인 권리 신고(임차인 배당 요구 및 철회)

배당 요구 종기일 결정

매각 서류 열람(매각 7일 전 배치)

경매 실시(매각기일) ← 매수인 없으면 새 매각

7일

매각 결정일 ← 매각 불허가 결정(새 매각)

7일 이내 즉시 항고 없으면

7일

매각 확정기일

7일 이내 재항고

3일

대금납부기일 결정

30일 이내

대금납부기한 ← 납부하지 않으면(재매각)

부동산인도명령 및 명도소송

배당표 작성

재매각 3일 전까지 대금 납부 시 재매각 취소

소유권이전등기 촉탁신청

매각대금 지급, 배당 ← 배당 이익

집행관 집행 실시

진행기록 송부(보존계)

배당 이익의 소

경매 절차 종료

청구 이익의 소

7장

쌈짓돈 천만 원으로 시작하는
'실전투자 전략'

돈이란 있는 데서 벌기는 쉬워도 없는 데서 만들어내기는 매우 어렵습니다. 몇 해 전 우연히 인터넷에서 '천만 원의 무게'라는 한 자투리 글을 본 적이 있습니다. 사람들에게 천만 원이란 어떤 돈인가에 대해 다룬 글입니다.

글의 요지는 천만 원은 누구에게는 다소 가벼운 것일 수 있지만, 다른 누군가에게는 전 재산과 같이 충분히 무게감 있는 돈일 수도 있다는 것이었습니다. 어떤 사람은 도박으로 쉽게 천만 원을 날리기도 하지만, 가난한 대학생은 이 돈이 없어 학교를 휴학합니다.

필자에게 천만 원이란 어떤 돈인가라고 묻는다면 최소한의 투자금이라고 답하고 싶습니다.

투자는 적금이 될 수도, 주식이나 채권이 될 수도 있습니다. 확실히 쌈짓돈 천만 원은 적금을 들거나 주식, 채권을 사기에는 그런대로 괜찮은 금액입니다. 갖고 있으면 비상금으로 요긴하게 쓰거나 약간의 이익도 내볼 수 있는 금액입니다.

그런데 단돈 천만 원으로 주택 몇 채씩을 사들일 수 있다면 믿을 수 있을까요? 천만 원으로 어떻게 부동산에 투자하는가?

이것은 이 책 전체의 핵심을 관통하는 질문입니다. 이 물음에 답을 할 수 있다면 이미 현명한 투자자입니다.

천만 원을 적금으로 넣어놓았을 때, 이자가 얼마인지에 대해서는 따로 언급하지 않겠습니다. 초저금리시대로 접어든 이래, 은행 이자는 거의 없다고 해도 무방할 정도입니다. 은행은 진즉 예금 유치를 포기하고 각종 대출 상품에 '올인'하고 있습니다.

지난 수년간 은행이 주로 해온 일은 부동산 담보대출, 신용대출, 펀드대출 등이었습니다. 이중 부동산 담보대출의 비중이 가장 컸습니다. 이런 시대에 천만 원을 통장에만 넣어두는 것은 물가 상승과 화폐 가치의 하락이라는 인플레이션을 감안하면 마이너스라고 해야 할 것입니다. 투자는커녕 손해를 보게 됩니다.

주식은 어떨까요?

천만 원으로 우량 주식을 사고 5년, 10년을 잊어버릴 수 있다면 이것은 '가치투자'로서 좋은 투자입니다. 그러나 2~3년 후를 계획한다면 오를 때는 좋지만 떨어지면 급격히 내리는 것이 주식이므로, 하락장에서 얼마나 버틸 수 있는지도 생각해봐야 합니다. 단타라면 개인의 능력에 따라 많게는 몇 백만 원까지 벌 수도 있을 것입니다. 하지만 이제 막 종잣돈 천만 원을 손에 쥔 초보자에게 이런 기대를 한다는 건 무리입니다.

보통 주식보다 안전하면서 적금보다는 이율이 높은 것이 채권입니다. 사람에 따라 간혹 큰돈을 채권에 투자하기도 하지만, 대부분은 부동산을 사고 남은 돈으로 채권을 삽니다. 이런 사람들은 대체로 보수적 투자자입니다. 국채나 신용등급이 양호한 회사채를 사들여 적은 이자를 받거나, 중간 정도 등급의 채권으로 주식만큼의 이익을 내기도 합니다. 그러나 인플레이션을 감안하면 이도 큰 이익이라고 할 수는 없습니다.

이런 이유로 필자는 투자금이 단돈 천만 원이라고 하더라도 적금, 주식, 채권보다는 부동산에 투자할 것을 권합니다. 그럼 과연 천만 원으로 부동산투자를 할 수 있을까요?

결론부터 말하면 물론 가능합니다. 그리고 들인 돈의 일부 혹은 전부를 회수할 수도, 그 이상을 벌어들일 수도 있습니다. 매수 부동산의 수를 늘려 나갈 수도 있다는 것입니다. 이렇게 되면 수익률은 갑절 또는 몇 배로 늘어나게 됩니다.

어떻게 이런 투자가 가능한지, 이제 알아보려고 합니다.

갭투자를 넘어
무피투자로

갭투자, 얼마 전까지만 해도 생소했던 이 말은 이제는 제법 알려진 말이 되었습니다. 전세금을 레버리지 삼아 집값과 전셋값의 차액으로 집을 산 뒤, 집값이 오르면 되팔아 이익을 내는 투자법입니다.

예를 들어 시세 1억 원인 주택의 전세가가 8천만 원이면 전세를 끼고 2천만 원을 들여 매입해, 2~3년 후 집값이 오르면 팔거나 전세를 인상해 이익을 냅니다. 만약 그사이 집값이 1억 2천만 원이 되어 있으면 2천만 원을 던져 2천만 원을 벌었으니, 이 기간 수익률은 100%입니다. 적금, 주식, 채권으로는 실현하기 어려운 수치입니다.

최근 한 경제신문사는 갭투자에 대하여 '직장인들의 좋은 재테크 수단'이라고 평했는데 필자는 이에 동의합니다. 그러나 기왕 투자를 한다면 투자금을 전액 회수하는 쪽이 더 낫습니다. 자기 돈을 전혀 안 들이고도 투자를 하는 것입니다. 흔히 '무피투자'라고 부르는 투자법입니다.

이 말이 등장한 것은 갭투자가 유행한 다음입니다. 무피투자는 전세 계약과 함께 들인 투자금을 모두 회수하는 방법입니다. 이론적으로는 집값과 전셋값이 같아야 가능합니다. 근년에 언론은 전셋값이 집값과 같아졌다는 이야기도 심심찮게 전했지만, 실제 현장에서 그런

일은 없는 것으로 나타났습니다. 있어도 약간의 시차를 두고 전세가가 바로 이전 매매가에 닿은 정도였습니다.

그럼 무피투자는 어떻게 하는 것일까요? 매입가와 전세가를 같게 해야 하는데, 이런 계약이 가능하긴 한 걸까요?

답은 급매와 경매에 있습니다. 급매의 경우에 실제로 부동산 경기와 지역 상황에 따라, 매우 저렴하게 나온 매물은 집주인도 모르는 사이 매매 호가가 전세가 수준에 랭크되어 있을 때가 있습니다.

매매 시세 1억 원인 집이 급매로 8,500만 원에 나왔는데 알고 보니 동네에서 전세 거래가 8,000만 원 즈음에 이루어지고 있습니다. 이때 매수 계약 후에 전세금을 500만 원 더 부르는 건 무리가 아닙니다. 이미 매매 계약금이 들어간 상황에서 전세 호가에 대한 주도권은 매수자에게 있습니다. 무피투자를 원한다면 다소 공격적인 포지션도 취해볼 만합니다.

이런 현상은 대개 부동산 매매 경기가 침체일 때에 나타납니다. 만약 호재가 있는 지역의 주택에 이같이 투자한다면, 투자 효과는 더욱 커질 것입니다.

무피투자는 경매로도 할 수 있습니다. 주택 경매 시 바람직한 낙찰가는 대개 그 주택의 전세가 정도입니다. 전셋값 수준보다도 낮게 낙찰받으면 더 좋겠지만 보통 이 정도면 성공한 경매라고 할 수 있습니다. 이렇게 취득한 집을 명도 후, 낙찰가 그대로 전세를 놓게 되면 이것이 곧 무피투자입니다.

발로 찾는 부동산투자법

어려울 것은 없습니다. 다만 정확한 전세 시세를 알아보지도 않고 어림잡아 입찰하는 것은 금물입니다.

필자는 얼마 전부터 인천 부평 지역에서 무피투자를 시작했습니다. 아파트는 여전히 비용이 들어가지만, 최근 부평의 다세대 시장은 전세가율이 100%에 이르는 등 인기가 치솟고 있습니다. 근 3년간 탈서울 바람을 타고 부평역 인근에 아파트형 빌라가 대량 공급되면서 서울 거주자들이 대거 이동했습니다.

밖에서 보기에는 건물이 더 많아 보일 수도 있지만 이곳의 전세 수요는 포화 상태입니다. 서울보다 저렴하면서도 신축이고 지하철 7호선을 따라 교통이 좋다는 점 때문에 젊은 수요자들을 끌어당기고 있습니다.

무피투자에서 가장 중요한 것은 시세를 정확히 확인하는 일입니다. 전세가율에 관하여 중개업소 세 곳 이상의 의견이 일치한다면, 바로 나서도 됩니다.

플러스피투자

당연한 이야기일까요? 이른바 플러스피투자는 고난도 투자법입니다. 그러나 누구든 리스크 부담 없이 도전할 수 있습니다. 주식은 잘

못하면 손해를 보지만 부동산은 상대적으로 예측이 쉽고 안정적이기에 해볼 만한 일입니다.

플러스피투자는 말 그대로 집을 살 때, 돈을 들이기는커녕 오히려 벌면서 취득하는 방법입니다. 이 투자는 주로 경매로 하게 되는데, 운이 따르고 시장 상황도 뒷받침되어야 가능합니다.

예를 들어 시세 1억 원인 어떤 집을 7천만 원에 낙찰받았습니다. 그런데 전세 계약이 9천만 원에 이루어지면 플러스피투자입니다. 이 경우에 부동산을 사는 데 들인 돈은 없고 오히려 투자금보다 더 큰 돈을 전세금으로 받았으므로, 2천만 원을 현금으로 번 셈이 됩니다. 이렇게 하면 부동산은 부동산대로 취득하고 현금은 현금대로 벌어들일 수 있으니, 가장 좋은 방법이라고 할 만합니다.

필자의 경우, 이런 투자는 열 번 중 세 번 꼴로 경험해보았습니다. 원하는 주택이 있는 지역의 최근 3개월간 낙찰가율과 전세 시세를 정확히 대비해본 후, 준비한다면 누구든 더 잘할 수 있습니다.

서울에서 플러스피투자가 가능한 곳을 찾는다면 구로구의 신축 다세대 경매 물건을 들 수 있습니다. 구로구 전세 시장이 서울 25개 자치구 중 전세가율 상위 1~3위를 다툴 정도로 포화 상태입니다. 하지만 그에 반해 개봉동과 오류동, 궁동의 다세대 낙찰가율은 85% 정도를 나타내고 있습니다.

이런 시장 상황에서 선호도가 높은 신축 다세대를 경매로 싸게 낙찰받아 전세를 준다면, 플러스피투자의 한 사례로서 좋은 경험이 될 것입니다.

구로구 외 서울에서 전세가율이 높은 자치구로는 아파트 기준으로 성북구, 서대문구, 관악구, 중랑구, 성동구, 동작구, 금천구 등입니다. 인천에서는 부평구, 남동구, 연수구가 해당됩니다. 경기도에서는 군포, 의왕, 안양, 오산 등 남부 권역이 초강세를 보이고 있습니다. 지방에서는 천안, 광주, 전주, 구미, 거제, 강릉 등지가 초강세입니다.

이들 지역은 통계상으로는 전세가율 80% 전후라고 하지만, 실제로는 90%를 넘거나 다세대의 경우에는 100%에 육박하는 곳들이어서 급매물이나 경매를 통해 플러스피투자에 도전해볼 만한 지역들입니다.

전세 깨고 월세 살면서 집 사들이기

최고의 투자는 들인 돈은 작고 수익은 큰 투자입니다. 같은 1억 원을 갖고도 쓰는 방법에 따라, 어떤 사람은 빨리 부자가 되고 다른 사람은 그대로 머물러 있다가 퇴보하고 맙니다.

우리나라에서 거주를 하는 방식에는 세 가지가 있습니다. 자가와 전세 그리고 월세입니다. 예를 들어 매매가가 3억 원인 어떤 집이 있는데, 전세가는 2억 원이고 월세가는 보증금 2,000만 원에 70만 원입니다. 그럼 어떤 선택이 가장 합리적인 것일까요?

전통적인 사고 방식으로는 전세입니다. 그러나 현명한 투자자의 시각에서 보면 가장 이익이 되는 선택은 매매도 아닌 월세입니다. 사람들이 가장 싫어하는 월세가 가장 이익이 된다니, 이것이 무슨 말일까요?

투자자에게 현금은 실탄을 넘어 생명과도 같습니다. 수중에 현금이 많으면 많을수록 더 많은 곳에 투자해 이익을 극대화할 수 있습니다. 위 집에 대하여 매매, 전세, 월세를 택한 사람들을 각각 A, B, C라고 해보겠습니다. 세 사람은 같은 회사의 직장인이고 모두 1억 원씩의 돈을 갖고 있습니다.

A는 담보대출 70%를 끼고 집을 사서 자기 돈 9천만 원을 썼습니다. B도 전세대출 70%를 받아 6천만 원을 묶어놓았습니다. C는 월세 보증금 조로 2천만 원만 들였습니다. 남은 돈은 각각 천만 원, 4천만 원, 8천만 원입니다.

자발적으로 월세를 택한 C는 남은 8천만 원으로 전세를 끼고 채당 천만 원 미만씩을 들여 여덟 채의 집을 매입합니다. A는 천만 원으로 우량 주식을 샀고 가장 투자 마인드가 없는 B는 4천만 원을 적금에 넣어놓았습니다. 이후 2년이 지났습니다. 현재 누가 가장 부자에 가까울까요?

답은 C입니다. 천만 원 투자의 핵심은 바로 이것입니다. 2년간 집값이 2천만 원 올랐다고 가정하면 C는 집 여덟 채를 갖고 있으므로 총 1억 6천만 원을 벌었습니다. 8천만 원을 들였으니 수익률은 200%입니다.

A도 집값은 올랐으나 살고 있는 집 한 채밖에 없어 2천만 원을 벌었습니다. 주식은 그동안 운 좋게 500만 원이 올랐습니다. 총수익은 2천 5백만 원입니다. 같은 기간 수익은커녕 손해를 본 사람은 아이러니컬하게도 전세를 택한 B입니다.

B가 2년 동안 묶어놓은 전세금 6천만 원은 그대로 6천만 원이고 적금을 들어놓은 4천만 원은 같은 기간 동안 100만 원의 이자도 붙지 않았습니다. 물가 상승분을 감안하면 B는 1억 원을 갖고도 손해를 봤습니다.

세 사람의 이런 차이는 전적으로 투자 마인드가 있는가의 여부에 달려 있습니다. **지금 이 시간에도 마인드가 있는 사람은 단돈 천만 원을 갖고도 무피투자 등으로 부동산을 몇 채씩 사들여 이익을 내지만, 마인드가 없는 사람은 수억 원을 갖고도 어떻게 해야 할지 몰라 고작 전세금으로 묶어놓는 우를 범하고 있습니다.**

우리는 B와 같은 사람이 되지 말고 쌈짓돈 천만 원을 갖고도 자기 소유의 부동산을 만들어 부자로 나아가는 길에 서야 합니다. 마인드는 한 끝 차이지만, 그 결과는 곧 엄청난 간극으로 나타나게 됩니다.

그럼 어느 곳, 어떤 매물에 투자해야 할까요?

서울지하철 연장선
급매물에 던진다

부동산투자를 함에 있어 교통망의 확충은 가장 중요한 요소입니다. 집은 사람이 쉽게 오갈 수 있어야 좋은 집입니다. 상권과 학교, 학원가는 교통 여건이 갖추어지면 자연스럽게 뒤따라오게 되어 있습니다.

이 책에서는 4장에서 이미 GTX 노선을 따라 인근 소형 아파트들을 살펴보았습니다. 여기서는 서울지하철 연장선 지역을 중심으로 천만 원으로 투자 가능한 매물들을 살펴보겠습니다.

필자는 천만 원으로 움직일 수 있는 투자재로서 지하철 연장선 지역에 위치한 전세가율이 높은 다세대를 권합니다. 현재 서울지하철 연장선 공사는 5, 7, 8, 9호선의 네 노선에서 진행 중입니다.

5호선 연장선 -강일, 미사, 덕풍역

먼저 5호선을 보겠습니다. 5호선은 김포공항역에서 서울 강북을 동서로 지나 각각 상일동, 마천역에 이르는 노선입니다. 그런데 현재 동쪽 종점 중 한 곳인 상일동–강일–미사–풍산–덕풍–시청–검단산역까지 잇는 연장선 공사가 진행 중입니다.

2018년 말, 우선 개통 예정인 역은 강일역과 미사역입니다. 이 두 예정 역 주변에 있는 다세대와 하남시 도심 권역 안에 들어와 있는 나

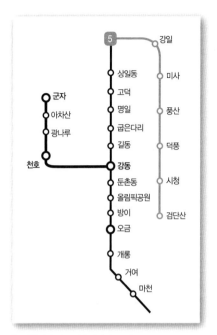

┃ 서울지하철 5호선 연장선 구간

머지 역들의 주변 매물 중 전세가가 높은 급매물에 관심을 기울일 필
요가 있습니다.

　뒤에서 살펴보겠지만 강일, 미사역은 9호선 연장선과도 시차를 두
고 만나게 되므로 현 시점에서 투자 가치가 높습니다.

　'하남선'으로도 불리는 5호선 연장선의 주인공은 단연 하남시입니
다. 그동안 하남은 분당, 판교에 비해 서울 접근성이 떨어진다는 단점
때문에 상대적으로 소외되어 왔습니다. 하지만 5호선 연장선이 뚫리
게 되면 분당, 판교보다 서울에 더 가깝다는 본래의 입지적 장점을 한

껏 살리게 될 것으로 보입니다.

근년에 뜬 미사강변도시의 미래가 밝다는 것은 기정사실이고 대부분 알고 있는 바지만, 필자가 주목하는 하남의 소액투자처는 구도심입니다. 덕풍동을 중심으로 시청에 이르는 지역인데, 덕풍역 예정지 인근의 다세대를 권합니다.

신축이든 구옥이든 관계없습니다. 신축은 역세권이 되므로 수요가 급증하여 좋고, 구옥이라면 역사로 인해 재개발 기대감이 커질 것이어서 좋습니다.

지역균형발전이라는 측면에서 본 5호선 연장선의 의의는 하남시를 업그레이드하는 것이지만, 강남에 근접한 하남의 입지 특성상 지하철이 개통되면 예상 밖으로 판교에 버금가는 도시로까지 커 나가는 계기가 될 것으로 보고 있습니다.

하남시는 최근 신세계의 '스타필드 하남' 투자로 네임 밸류를 한 차례 올린 바 있는데, 인근에 시청역이 들어선다는 소식은 시너지 효과를 일으키며 신장동, 창우동 일대 부동산의 투자 가치도 함께 높이고 있습니다.

7호선 연장선 –산곡, 석남역

7호선은 부평구청역에서 장암역을 잇는 비교적 긴 노선입니다. 현재 서쪽 종점인 부평구청역에서 석남역까지, 더 나아가 청라국제도시역까지 잇는 연장선 사업이 진행되고 있습니다.

발로 찾는 부동산투자법

7호선이 부평구청역까지 뚫리면서 가장 큰 변화를 겪은 곳은 부평입니다. 교통편이 생겨도 인구 유입이 적으면 헛투자인데, 그에 반해 부평구청역은 대성공을 불렀습니다. 서울 직장인 수요를 잡은 것이 성공 요인입니다.

근년에 부평은 가산디지털단지와 마포를 중심으로 한 서울 서부 지역 직장인 수요를 끌어당겼습니다. 7호선이 가산디지털단지역과 2호선 환승역인 대림역을 지나가기 때문입니다. 그리고 의외로, 다소 멀지만 갈아타지 않고 바로 연결된다는 점에서 강남권 직장인들도 주거지로서 부평을 많이 찾고 있습니다.

그리하여 부평의 전세 수요는 차고 넘치는 상황에까지 왔습니다. 이런 와중에 인천 방향 연장선 공사가 진행 중입니다.

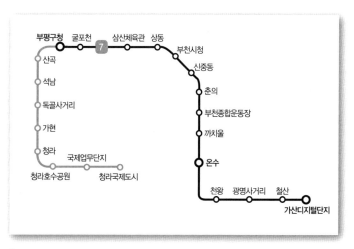

| 서울지하철 7호선 연장선 구간

가장 빠른 신설 예정 역은 2020년 말, 개통할 산곡역과 석남역입니다. 기존 부평구청역에서 차례로 연결되는 역들입니다. 이 두 역에서 450m 반경 안에 있는 다세대에 주목할 필요가 있습니다.

산곡역이 건설될 예정인 백마장사거리 인근의 주택들은 아파트, 다세대 할 것 없이 모두 전세가율이 매우 높은 상황입니다. 아직 역이 들어서기 전인데도 거주 인구가 많고 부평구청역과 가까운 관계로 전세 수요가 탄탄합니다. 산곡역 역세권에서는 인천부마초등학교와 푸르지오아파트 주변의 다세대를 추천합니다.

이 일대는 백마장사거리를 중심으로 북서 방향 블록은 재개발구역이고 남서 방향 블록은 아파트 공사가 한창이어서, 동시다발적으로 개발이 이루어지고 있습니다. 현재는 초기 단계라고 할 수 있습니다.

석남역 주변도 미래가 밝은 곳입니다. 석남역은 인천지하철 2호선이 운행 중인 역인데, 서울지하철 7호선과 만나게 되면 교통 여건은 몰라보게 개선될 것입니다. 이곳은 각종 도시재생 사업이 예정되어 있어 사업지구 안팎 구옥에 관심을 가져봐도 됩니다. 석남역 일대는 상대적으로 낙후된 지역이었는데, 최근 유례없는 개발 예고에 물건 구하기가 하늘의 별따기입니다.

7호선은 강남 지역을 횡으로 관통하는 노선이므로 인천의 강남 접근성을 높이는 서쪽 연장선의 투자 가치는 높습니다.

발로 찾는 부동산투자법

8호선 연장선 –구리, 진건역

8호선은 기존 노선의 북쪽 종점인 암사역에서 구리시를 거쳐 남양주 별내역까지 연결하는 사업을 하고 있습니다. 2022년 개통을 목표하고 있는 이 노선의 정차 예정역은 암사–선사–토평–구리–구리도매시장–진건–별내역입니다. 이중 구리역과 별내역이 각각 경의중앙선, 경춘선과 만나 환승역이 됩니다.

구리역 주변은 크게 북쪽의 인창동과 남쪽의 수택동으로 나누어집니다. 구리역 바로 밑에 놓인 경춘로가 그 경계이고, 중심에는 돌다리 사거리가 있습니다.

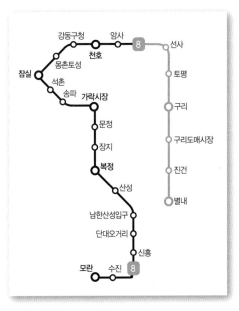

┃ 서울지하철 8호선 연장선 구간

인창동은 주로 아파트단지가 밀집해있고 수택동은 다세대가 많습니다. 관심을 갖고 봐야 할 곳은 수택동의 다세대입니다. 구리역 남서 방향인 수택동 구리 전통 시장 일대에는 재개발이 예정되어 있는데, 이 계획은 8호선 환승역 개발과 맞물려 있습니다.

그동안 수택동은 인창동에 비해 개발이 더디어 다소 불편함이 있었지만, 8호선 연장선을 통해 서울 강동 지역과 연결될 예정입니다. 구리 전통 시장 주변 재개발은 교통편의 확충과 함께 시너지 효과를 내게 될 것입니다. 이 지역은 롯데백화점 아래쪽에 위치한 다세대 밀집 구역이 유망합니다.

구리역 주변은 전세 수요가 풍부하므로 급매와 경매를 이용한 다세대투자는 수익률을 높일 수 있습니다. 진건역은 남양주 다산신도시 진건지구 상업 지역 인근에 들어설 역으로, 신도시 공사는 현재 진행 중입니다.

역이 들어서면 인근 주택의 전세 수요는 폭발할 것으로 예상되고 있습니다. 역사 부지 자체가 중심상업지구이기 때문입니다. 진건역의 입지는 다산신도시 안에서도 노른자위로, 가장 뛰어나다고 할 수 있습니다.

8호선 연장선은 구리와 남양주를 서울 강동, 강남 지역과 연결하는 사업입니다. 잠실까지 30분 안팎에 닿을 수 있다는 점에서 투자 가치가 높습니다. 그러나 다른 노선들에 비해 개통 시기가 상대적으로 늦다는 점은 참고해야 합니다.

발로 찾는 부동산투자법

9호선 연장선 -삼전사거리, 삼전, 신상일, 양정역

9호선은 말이 필요 없다고 할 정도로 투자와 사용 이익 양면에서 모두 가장 뛰어난 노선으로 평가받고 있습니다. 1호선을 제외한 서울지하철 전 노선 중 유일하게 급행열차를 운행하고 있고, 급행 정차역을 중심으로 김포공항-당산-여의도-노량진-동작-고속터미널-종합운동장역에 닿기까지 서울의 핵심 지역들을 이어 주고 있습니다.

연장 사업도 가장 큰 규모로 세 단계에 걸쳐져 있습니다. 총 사업 단계 중 3단계에 해당하는 첫 번째 연장 노선은 종합운동장-삼전사거리-삼전-석촌-방이사거리-신방이-올림픽공원-오륜-보훈병원역에 이릅니다. 이중 석촌역은 8호선, 올림픽공원역은 5호선과 환승 예정입니다.

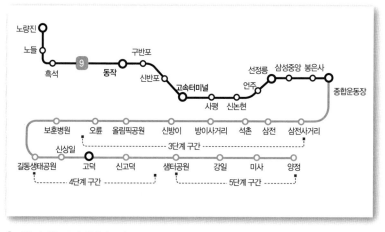

▌ 서울지하철 9호선 연장선 구간

2018년 개통 예정인 이 노선에서 주목할 만한 곳은 삼전동입니다. 삼전동은 강남권에서 다세대 밀집도가 높은 지역으로, 그동안 지하철 사각지대에 놓여있다는 이유로 개발이 더디었던 곳입니다.

그러나 새로 생길 삼전사거리역과 삼전역은 이 지역 개발의 신호탄이 될 것으로 보입니다. 급매물과 경매 물건을 위주로 삼전동 다세대에 적극적으로 투자할 필요가 있습니다. 전세가율이 높은 편은 아니지만 곧 높아질 것으로 보이므로 시점을 잘 잡을 필요가 있습니다.

4단계인 두 번째 연장선은 2025년 개통 예정으로, 보훈병원-길동생태공원-신상일-고덕-신고덕-샘터공원역에 달하는 구간입니다. 고덕역이 5호선과 환승됩니다.

그러나 여기서 주목해야 할 역은 신상일역입니다. 기존 5호선 상일동역에 더해 강동구에 들어서는 신설 역으로, 주변 다세대 중 급매물을 눈여겨봐야 합니다. 개통까지는 아직 시간이 남아 있는 만큼 천만원 투자에 도전해볼 만합니다.

마지막 5단계는 샘터공원-강일-미사-양정역까지 잇는 구간입니다. 강일, 미사역이 5호선 연장선과 겹치고 양정역이 경의중앙선과 겹치는 것을 알 수 있습니다. 연장 예정 역 전부가 환승역입니다. 양정역은 현재 양정역세권 개발 사업이 진행 중인 곳으로, 최근 개발제한구역 해제 절차에 들어가면서 4차 신산업 관련 사업 시행이 속도를 내고 있습니다. 남양주 양정역 주변은 머지않아 첨단 산업단지로 개발될 가능성이 높습니다.

발로 찾는 부동산투자법

9호선 연장선은 입지, 규모, 전망 면에서 가장 우수한 만큼 투자 가치도 가장 높습니다. 모든 사업은 단계적으로 이루어지므로, 비교적 긴 시간을 두고 단계마다 투자 시점을 계획할 수 있는 것이 장점입니다.

95% LH전세대출
역활용법

언젠가 한 부동산투자 모임에서 필자는 "남의 돈을 잘 빌려 투자하는 사람이 큰돈을 벌 수 있다."라고 한 적이 있습니다. 부동산투자에서 금융의 중요성을 강조한 말이었습니다.

그런데 부동산과 관계된 대출이라면 사람들은 대개 담보대출 하나만을 생각합니다. 그래서 어떤 분들은 정부가 8.2대책을 시행한 이후로는 대출을 받을 수 있는 길이 막혔다며, 필자에게 어떻게 해야 하느냐고 물어오기도 했습니다.

그러나 뜻이 있는 곳에 길이 있습니다. 규제 장세라고 하여 부동산투자를 할 수 없는 것은 아닙니다. 진정 현명한 투자자는 규제장에서 오히려 더 빛을 발합니다. 전세를 십분 활용하는 것입니다.

새삼스럽지만 전세는 우리나라만 갖고 있는 제도로 이자가 없는 독

특한 형태의 사금융 시스템입니다. 전세 제도는 당초 집값의 절반 내지 60% 정도만 집주인에게 맡기고 집을 빌려 쓰는 방식으로 유지되어 왔지만, 근년 들어 초저금리시대에 접어들면서 본래 취지와는 달리 전세가는 매매가에 육박하게 되었습니다.

바람직한 현상까지는 아니지만 그만큼 돈의 가치가 떨어진 데 따른 결과라고 할 수 있습니다.

이런 현실은 역설적으로 금융기관이 전세대출의 한도를 최대로 늘리도록 하는 현상을 불러왔습니다. 소위 돈값이 떨어져 전세가가 상승하다 보니, 오른 전세금을 메우기 위한 은행대출 한도도 늘어난 것입니다. 현재 시중 은행의 전세자금대출 한도는 제1금융권 기준으로 전세금의 80%이고, 최대 5억 원까지 나오고 있습니다. 근년에 나온 한도 중 최대치라고 할 수 있습니다.

이런 전세대출 상품 중 대출 한도가 가장 높은 것이 있습니다. 바로 한국토지주택공사LH에서 제공하는 LH전세자금대출로, 한도는 95% 입니다. 전세금이 1억 원이면 9,500만 원까지 대출이 나오는 것입니다. 이 대출은 또 저리인 것이 특징입니다. 다만 대출받을 수 있는 자격은 일정 소득 이하의 신혼부부 등으로 제한되어 있습니다.

그런데 LH전세대출은 이런 특권적 성격 때문인지 전세 시장에서 일반 전세대출과 조금은 다른 취급을 받고 있습니다. 대출 한도가 높고 저리라는 점 때문에 LH전세대출을 끼고 거래되는 전세금은 시장에서 일반 전세대출 시 전세금보다 더 높게 책정되어 있는 것입니다.

가령 시세 1억 원인 어떤 집의 전셋값이 8,500만 원이면, 임차인이 LH전세대출을 받을 경우에 9,500만 원에도 거래가 성사되는 식입니다. 이때 투자자는 단돈 500만 원으로도 집을 매입할 수 있고, 임차인은 전셋값의 5%인 475만 원만 들이고도 입주를 할 수 있으니 '원윈'하는 거래라고 할 수 있습니다.

필자는 이런 방법으로 역세권 예정지 인근 주택 수 채에 투자하고 있습니다. LH전세대출을 역으로 활용하는 이 방법은 집주인, 임차인, LH 어느 누구 하나 손해보지 않는다는 점에서, 소액 부동산투자자에게 적극적으로 권장하는 투자법입니다.

덧붙여 문재인 정부 이후, 일반 주택담보대출에서 가장 주목해야 할 변화는 이자만 내는 거치식 대출이 완전히 사라졌다는 점입니다. 이것은 주택을 담보로 돈을 빌리더라도 대출을 일으키는 즉시, 매월 원금을 이자와 함께 갚아 나가야만 한다는 사실을 의미합니다.

이 점은 주택 실수요자에게는 확실히 큰 타격일 수 있습니다. 그러나 투자자라면 은행에서 돈을 빌리지 않더라도 집을 사는 동시에 전세를 주는 방식으로 주택에 투자할 수 있으므로, 필자는 투자자가 대출에 대하여 크게 걱정할 일은 아니라고 생각합니다. **앞으로 주택투자자는 은행과 거래하는 대신 전세금을 레버리지 삼아 투자하는 쪽으로 방향을 전환할 필요가 있습니다.**

앞서 언급했지만, 토지담보대출은 정부 대책에서 빠졌으므로 이전과 동일합니다. 다만 대출 한도는 땅의 실거래가가 아닌 개별 은행이

자체 산출한 내부 기준값에 따라 이루어지므로 다소 들쑥날쑥할 수 있습니다.

대개 개발하기 무난한 토지라면 시세의 50%까지 나오고 있고, 경매로 매입할 때에는 낙찰가의 80%까지 대출을 받을 수 있습니다. 반드시 금융권에 확인 후 투자하기 바랍니다.

담보대출을 받을 수 있는 한도

주택담보대출은 아파트, 빌라, 오피스텔 등 유형에 따라 받을 수 있는 비율에 차이가 난다. 부동산 정책에 따라서도 매번 달라진다. 2017년 8.2 부동산 대책 발표 후, 주택담보대출 한도가 많이 줄었다. 특히 조정 지역, 투기 과열지구, 투기 지역이냐에 따라 30~70%까지 차이가 난다.

8.2 부동산 대책을 기준으로 하여 아파트는 금융권 표준 시세를 기준으로 실수요자라면 70%까지_{조정 지역 외인 경우 최대}를 기준으로 50~60%까지 대출이 가능하다. 근린상가와 오피스텔은 시세의 50~60%로 한정된다.

토지는 용도별 차이가 더 크다. 계획관리 지역일 경우에 상태가 좋은 땅은 60%까지 대출이 가능하다. 그 외의 땅은 40~50% 정도로 예상하면 된다.

토지는 임야, 논, 밭 등에 따라 대출 한도가 모두 다르다. 금융권 대출 광고의 경우, 임야는 70%, 농지는 80%까지 대출을 받을 수 있다. 하지만 실제로는 공시지가의 70~80%까지만 가능하다.

이는 환금성이 떨어지는 토지의 특성상 금융권에서 회수의 어려움을 들어 대출 기준을 확 낮췄기 때문이다. 그러므로 땅에 투자하기 위해서는 개인이 보유한 종잣돈의 규모를 더욱 더 고려해야 한다.

전국은행연합회www.kfb.or.kr, 한국주택금융공사www.hf.go.kr를 통해 자신에게 맞는 대출 상품, 이자, 상환조건 등을 확인하기 바란다.

대통령부터 평범한 이웃들까지,
모든 사람들과 친구가 된 '대화의 여왕!'

25년간 35,000명과 소통한
'대화의 기술!'

'대화의 여왕'에게,
아주 특별한
'말솜씨'를 배우다!

이영호 지음 | 신국판 | 204쪽 | 값 12,500원

"

이제 오프라 윈프리는 유명한 사람을 뛰어넘어
하나의 '문화적 현상'이 되었다.
이 책에서는 수많은 사람을 울리고, 웃기고, 변화시키는
오프라 윈프리가 가진 힘의 원천과

아주 특별한 '대화 노하우'가 펼쳐진다!

"